泥臭い営業で参入障壁をつくり、
テクノロジーで爆発的成長を加速させ、
「業界の巨人」を打ち倒す

番狂わせの起業法

akippa株式会社創業者兼
代表取締役社長CEO
金谷元気+akippa

かんき出版

はじめに

起業は、怖い。

けど、やってみたい。

そう思っている方は、ぜひ本書をお読みください。

たった一人で、銀行残高5万円で立ち上げた
アナログまみれの零細企業が、
エンジニアが社内に一人もいない状態から
会員登録数400万人の「アキッパ」を運営する
テックカンパニーに変貌した
変遷、方法論、思考法……
すべてを書き尽くしました。

私はサッカー一筋で、Jリーガーになる夢を追うあまり、
ほとんど勉強をすることがありませんでした。
文系と理系の違いさえも知らないほどでした。

そんな私でも、起業することができました。

今、お金がなくても、
実力が伴っていなくても、
人脈がなくても、
勉強が大の苦手でも、
誰にでも、可能性はあるものなのです。

「起業」に対する勇気を持っていただくために、
全力を振り絞って、
お伝えできることはすべて本書でお伝えしています。

あなたの「ジャイアントキリング」を心から応援しています。

akippa株式会社を代表して　金谷元気

編 集 協 力　長山清子
D　T　P　佐藤純（アスラン編集スタジオ）
ブックデザイン　山之口正和＋齋藤友貴（OKIKATA）

第1部 ストーリーで学ぶ「番狂わせの起業法」

第1章 Jリーガー志望の挫折、そして起業

第2章 「業界の巨人」との対峙

第2部

実践！「番狂わせの起業法」

第3章 「非線形な成長」を目指して

第4章 ミッション・ビジョン

第5章 経営戦略

第8章 バリュー・カルチャー

第9章 プロダクト

井上直登　執行役員CPO ……251

第10章 営業

第11章 マーケティング

第12章 広報

本書の構成について

本書は、

- **第1部　ストーリーで学ぶ「番狂わせの起業法」**
- **第2部　実践！「番狂わせの起業法」**

という構成になっています。

第2部以降では、テーマ別で、アキッパを成長させてきた方法・考え方・ノウハウについて、社員と一緒に執筆しています。

なお、本書内において、（一部例外を除き）社名を指す場合は「akippa社」、サービスを指す場合は「アキッパ」と表記しています。

第1部

ストーリーで学ぶ「番狂わせの起業法」

第1章

Jリーガー志望の挫折、そして起業

100円の傘を300円で売った

私、金谷元気《かなやげんき》は現在、akippa株式会社（以下、akippa社）の創業者兼代表取締役社長CEOを務めています。

創業は2009年。当時、24歳でした。

アキッパは、使っていない個人宅の駐車場や、契約のない月極駐車場の車室をアキッパのプラットフォームにまず登録していただきます。それを、駐車場を借りたいユーザーが15分～1日単位で、アプリやWebで予約して利用できる駐車場シェアリングサービスです。

2024年現在、貸主を除く累計会員登録数（以下、会員登録数）は400万人を超えています。

駐車場を借りたいユーザーがアキッパを利用するメリットは、最大30日前からアプリやWebで予約ができること、予約可能な駐車場数は全国で常時4万件以上あるため、駐車場の

図1 アキッパのビジネスモデル

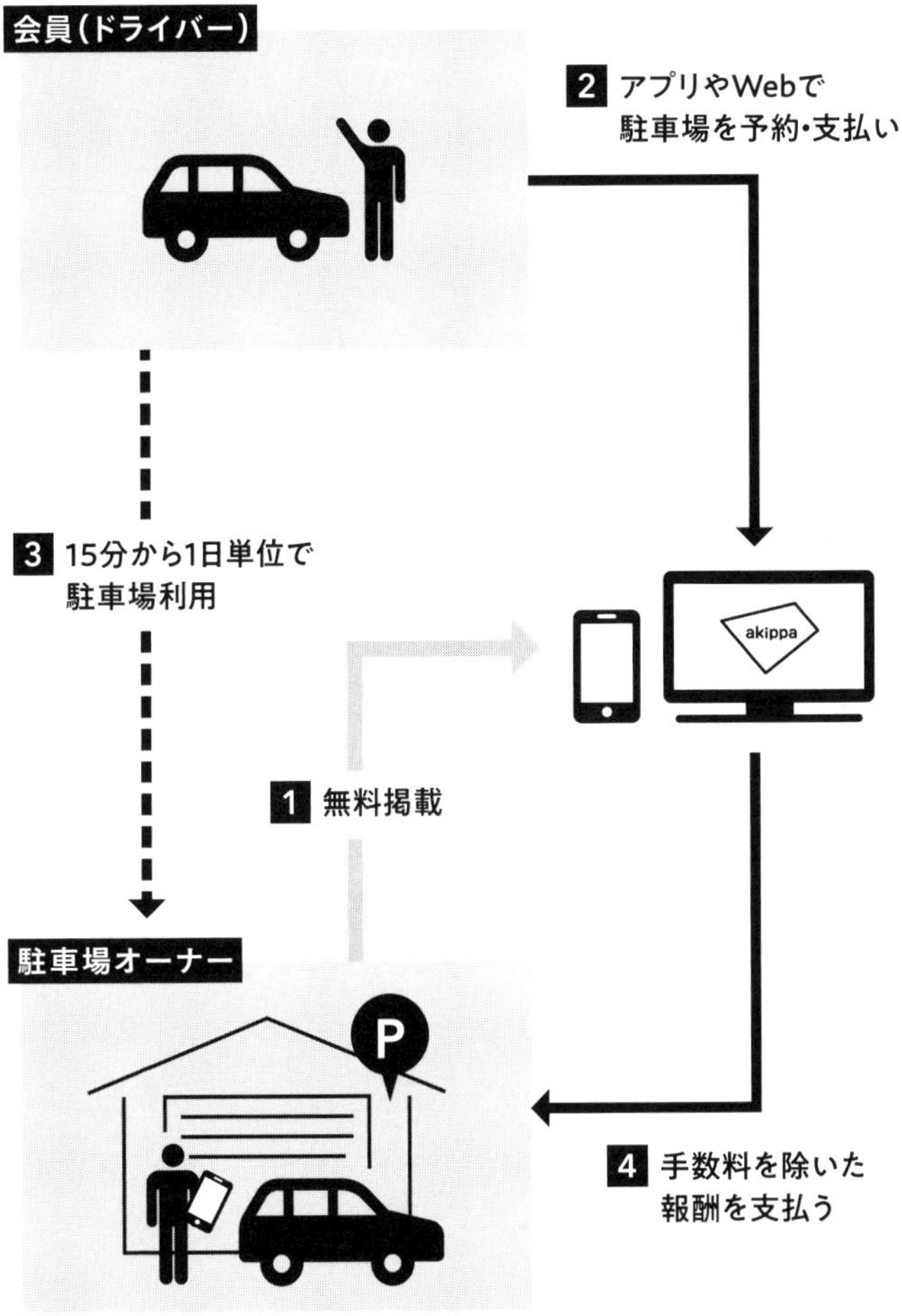

数が豊富なこと、そしてすべてキャッシュレスで利用できることです。

一方で、使っていない駐車場を貸したい駐車場オーナーは、駐車場を登録するだけで一円もかけずに収益を稼ぐことができます。

現在はアキッパを起点として世界一の企業になるために頑張っていますが、子どものころから学生時代までは、ビジネスにまったく興味がありませんでした。

Jリーガーを真剣に目指していたからです。

高校を卒業し、Jリーガーを目指しながらアルバイトをしていましたが、アルバイトの時間になっても、本当に行きたくありませんでした。

全然仕事ができなかったからです。

サーティワンアイスクリーム、マクドナルド、ケンタッキー、びっくりドンキー、コクヨの工場、スーパーの鮮魚コーナー、ピザの配達、弁当の配達、スポーツショップの販売スタッフ……などなど、いくつもアルバイトをしましたが、決まったオペレーションに沿って作業をするのが極めて苦手で、ありえないミスを連発していました。

ミスばかりするので、店長から「金谷君は、いい人やけど、ちょっと仕事がなぁ……」とやんわり言われ、シフトを減らされてしまう。

そんな繰り返しで、アルバイトを転々としていました。

シフトの数が減らされるということは、給料がその分減るということです。

貯金はまったくありませんでした。

もしJリーガーになれなければ、この世には自分に向いている仕事など存在しないだろうから働けない。このままでは生きていけない。

そうなったらどうしようと悩んでいました。


ですが、ある日、自分の得意なことに気づく出来事がありました。

2004年の春。

私は、当時付き合っていた彼女と大阪の天王寺にいました。

これから帰るのに、財布には200円ちょっとしかない。

ちなみに、銀行口座の残高は、500円もありませんでした。

それほど困窮していたのです。

電車賃は2人で500円以上はかかります。

「悪いけど、電車賃出しておいてくれへん？」

「ええー、私、お財布持ってない」

そんな会話をしていると、雨が降り出しました。

電車賃すらないのに、どうしようかと、映画館が入っている商業ビルで雨宿りをしました。

そこで目に入ったのが、商業ビルの地下にある100円ショップ。

傘が1本100円で売っているのが目に入りました。

「1本100円か。これを1本300円で2本売れば、電車賃をまかなえそうや」

「雨も降ってるし、誰か買ってくれる人がいるかもしれん」

そこでビニール傘を2本買い、偶然持っていたノートに「ビニール傘 1本300円」とサインペンで書いて、少し離れた場所で掲げました。

するとスーツを着た2人組がそれに目をとめ、「お、兄ちゃん、2本ちょうだい。助かったわ」と買ってくれたのです。

600円を手にして、見事、電車で帰ることに成功！

「なにこれ。めっちゃおもろい」

稲妻が走ったような衝撃でした。

そのとき、自分はこういった「営業」のようなことは得意なのかもしれないと気づいたのです。

同時に、「ビジネス」に興味を持ちました。

それまでは、まさか自分がビジネスに興味を持つとはまったく思っていませんでしたが、ライブドアを率いていた堀江貴文さんや、サイバーエージェントの藤田晋さんの著書を読んで「起業したい！」という思いが芽生えたのです。

その後、大阪市平野区にあった小さな会社で、フルコミッション（完全成果報酬）の営業代行をしてみて、圧倒的な営業成績を残すことができました。

営業は天職だと思いました。

ただそのころは、サッカーへの情熱を持ち続けていたため、個人事業主として営業をしながら、関西サッカーリーグなどでプレーし続けました。

Jリーガーになるための努力を続けていたのです。

ただし、自分の中で区切りはつけていました。

「同級生が大学を卒業する22歳までにプロ契約ができなければ、サッカーをきっぱり引退し、起業しよう」

そう決めたのです。

自分なりに極限まで努力し、サガン鳥栖《とす》やザスパ草津（現・ザスパ群馬）の練習生になったものの、残念ながら自分が決めた期限までにプロ契約を勝ち取ることはできず、引退を決意しました。

そして、24歳のころに起業しました。

2009年2月のことでした。

当時、私は大阪市平野区にある、家賃4万円代の、ワンルームマンションに住んでいました。エレベーターはなく、4階まで階段で上がっていました。

その自宅をオフィスにして会社をつくろう。

手元に5万円ぐらいしかないけれど、まずはこの5万円を資本金にしよう。

資本金を貯めてから会社をつくるという発想もありますが、私はとりあえずやってみるタイプです。法務局に行き、「会社をつくりたいんですけど」と相談しました。

すると「株式会社をつくるには20万円ぐらいかかる」ということがわかりました。資本金は1円でもいいのですが、定款の認証や手数料などで結局それくらいかかる、ということでした。

親にも内緒にした起業だったので、家族から借りることもできません。

ところが株式会社ではなく、合同会社なら数万円でつくれることがわかりました。

そうして誕生したのが、合同会社ギャラクシーエージェンシーです。

2009年2月2日、大阪の端っこで、たった1人の会社がひっそりと誕生したのです。

3000円ほどで1箱分の名刺をつくり、実家から使っていない電話機を取ってきて、電話回線とインターネット回線をつないで、起業しました。


祖業としたのは、営業代行でした。

会社をつくる前に個人事業で営業代行をした経験があったので、どうすればいいかはある程度わかっていました。在庫を持たずに済み、翌月にはお金が入ってくるキャッシュフローのいいビジネスは何かと考えたら、営業代行が一番でした。

そのころはキャリア（通信会社）がよく営業代理店を募集していました。「営業代理店募集大阪」「ソフトバンク　代理店募集」のキーワードで調べると、数社が営業代理店を募集していることがわかりました。

そのうちの1社にアポイントメントを取り、大阪の南森町まで向かいました。

その会社はソフトバンクモバイルの営業代理店で、そこも中小企業なので、審査などはありません。面談をして「さっそく売ってください」ということになりました。

私の会社、ギャラクシーエージェンシーは三次営業代理店です。ソフトバンクと直接取引できるはずがなかったのです（将来、私たちの会社がつくった市場に、ソフトバンクが参入してくるとは知る由もありません）。

さて、携帯電話の見本（当時、スマートフォンはそれほど普及していませんでした）と、契約書、パンフレットをその上位店から受け取ったら、初日からいきなり営業開始です。電話回線とインターネット回線は引いてあるので、ひたすら法人に電話をかけてアポイントメントをとりました。

「御社の社員さんに、法人向けの携帯電話を持たせませんか？　980円でお互い通話無料です。通信費数千円を毎月手当として出すより安くなりますよ」

そんな営業トークでアポイントメントを獲得し、1日4〜5件の法人を回り、契約を取っていくということを、1人でずっとやっていました。1台契約すると、翌月には3万〜4万円ほどが入ってきます。

ただ、土日祝日が休日になっている会社が多く、その間は稼働ができません。当時はNTTのインターネット回線も営業代行で扱っていたので、土日祝日はショッピングモールで風船を配りながら、個人向けにインターネット回線に入ってもらう勧誘をしていました。

ジャパネットの創業者である髙田明さんを参考にマイクパフォーマンスを実施するなど、とにかく楽しみながら仕事をしていました。

起業すると、意外とダラけてしまう

ところがそうやって働いていると、困ったことが起きてきました。

1人で働いているので、だんだんダラダラするようになってしまいました。

自宅をオフィスにしていたので、オンとオフの切り替えが難しくなり、仕事を始める時間がだんだん遅くなってきました。朝起きたら午前中は法人のテレアポをして、午後から営業に出るというリズムで仕事をしていたのですが、それができなくなってきたのです。

「テレアポのアルバイトの人を雇ったら、毎朝来てくれるから、起きなきゃいけないし、いいかもしれない」と考えました。

しかし、求人誌に広告を載せる余裕はありません。

そんなとき、たまたま高校時代の友人に合コンに誘われました。相手は女性が3人でした。そんな中で仕事の相談も聞いていました。私は恋愛話などそっちのけに、仕事に困っていた2人に「じゃあうちで働いてみませんか？」と話しました。

テレアポがどういうものかを話した結果、「面白そう！　しゃべるのは得意やし」とアルバイトとして来てくれることになりました。

2人はシングルマザーでした。

朝、保育園に子どもを送り届けたあと、午前9時から10時の間に出社します。

となると、たとえ寝ていても、インターホンが鳴ると絶対に起きて、ダッシュで布団を上げ、ドアを開けるしかありません。おかげでオンとオフの切り替えができ、また、コミュニケーション能力の高い彼女たちが真面目にテレアポに取り組んでくれたおかげで、夕方までアポイントメントで私の予定が埋まることも増え、営業活動に専念できるサイクルもできあがり、次第に売上も伸びていきました。

そんなとき、休日に、地元の友人である小畑満《こばたみつる》くんと週末サッカーをしていて、私が自分の会社の話をしたら、介護職をしていた彼が「もう少し稼ぎたいねんけど、元気の会社の営業って大変?」と聞いてきました。

「人によっては大変やと思う。向き不向きがあると思うし」と答えると「俺はどう思う?」と返してきました。

「とりあえず、いまやってる仕事をいきなり辞めるんじゃなくて、休みの日にアルバイトとして営業を体験しに来たら?」と伝えると、実際に仕事が休みの日にやって来ました。

まずはテレアポから! おっ、そこそこ取れる。次は私との同行で営業しよう、なかなか飲み込みが早い。その後1人で営業に行くようになっても、それなりに契約が取れたのです。

本人の希望もあったので、小畑くんに正社員第一号になってもらいました。

私と小畑くんで営業担当者は2人になり、1人ずつテレアポ担当をつけることにしました。

ちなみに小畑くんは、テレアポ担当だったアルバイトの女性と結婚して、家庭を築いています。

まさかアルバイト第一号と正社員第一号が結婚するとは、当時は驚きました。

話を戻しますが、営業を教えたといっても、教えるのが得意ではなかった私は、とにかくスクリプト(台本)を練りました。

「このシーンではこんなことを言うといい」というセリフと、相手が言うであろうセリフを全部書く。そのやりとりを実際に口に出してもらって、自分の言いやすい口調に改良する。

毎朝、お客様を訪問する前に、テレアポや営業訪問のシミュレーション（ロープレ）をやっていました。

稼げそうなことは何でもやる

営業力はありましたし、どうせ企業を訪問するのだから携帯電話以外にも何でも提案できるようにしようと、営業代行として取り扱う商材の種類を広げました。

まずはOA機器、ビジネスフォン、ウォーターサーバーなどです。

売る物をどうやって仕入れていたかというと、すべて「営業代理店募集」のキーワードで検索しました。「ウォーターサーバー　営業代理店募集」など、営業代理店を募集しているところが無数に存在していました。

ちなみにいまも状況は同じで、「独立したいけれど資金がない」という人でも、営業代行であれば、一円もかけずに事業を始めることができます。たとえばいまなら、SaaS(Software as a Service）の運営会社が営業代理店を募集しています。営業代行事業は比較的、サクッと始められると思います。

いまではアキッパも駐車場開拓代理店をお願いする立場になりました（駐車場の開拓を代理店にお願いしています）。営業代理店側の気持ちがわかるからか、比較的うまくいっています。現在では駐車場開拓代理店が1000社以上になっています。これについては第10章で詳しくお話ししましょう。

話を戻すと、当時は営業代行だけでなく、売上になりそうなことは何でもやりました。2010年のサッカーワールドカップ・南アフリカ大会が盛り上がっていた時期には、大阪市平野区で「Bar Galaxy」というスポーツバーを経営したり、また別の時期には「なんばHatch」という2000人規模の会場を借りてアイドルを10組以上集めた音楽フェスを主催したり。

スポーツバーにせよ音楽フェスにせよ、その事業に必要な知識はまったくありませんでした。当時は「コストをそれほどかけなくても稼げそうなことは何でもやる」という発想で会社を経営していました。

このころはテックカンパニーのテの字もないぐらい、オフライン事業で売上につながりそうなことを、何でもかんでも泥臭くやっていた時期でした。

ソフトバンクを超えたい

実に様々な商売をしていましたが、それでも主力事業は営業代行でした。

しかし、営業代行を続けていても、会社が大きくなるイメージは持てませんでした。

営業代行は、文字通り、他の会社の商材を「代行」して売った分、成果報酬をもらうビジネスモデルです。つまり、基本的には、営業をし続けないとお金を稼ぐことができないビジネスということです。

扱っていたソフトバンクの携帯電話は後発ながら、回線数の純増1位を獲得するなど、大きく成長していました。そういった快挙を見て、

「いつまでもソフトバンクの携帯電話を売っていても、一生ソフトバンクを超えられない」

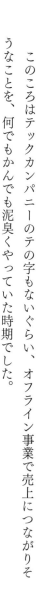

という思いを抱くようになりました。

「やはり自社サービスをやっていきたい」という思いが止められなくなってきていました。

では何をやるか。


気になっていたのは「求人」と「インターネット」でした。

実は私は会社をつくる前、個人事業で求人情報のチラシをつくっていたことがありました。「街の求人情報アグレ」というチラシを自分でつくり、そこに1枠2万〜3万円で、求人広告を出したい会社を何社か集め、それを5万部ほど印刷して新聞折り込みチラシにするというものです（ちなみに「アグレ」というのは、アグレッシブという言葉からきています）。

それに加えて、著書を読んでいた、堀江貴文さんやサイバーエージェントの藤田晋さんの影響で「インターネット」にも強い興味を持っていたのです。

そこで、求人とインターネットを組み合わせた「アグレワーク」という求人情報サイトをつくったのです。

ただ、このサービスは営業代行と本質はあまり変わりませんでした。

結局は営業で数字をつくって、一時的な売上を得るというビジネスモデルでした。

これでは指数関数的に伸びることはないと感じました。

そこで、2012年に新たな求人サイトをリリースすることにしました。

成果型アルバイト求人サイトの「リバイト」です。

成果型求人サイトとは、人を採りたい企業は無料で求人広告を掲載できて、採用が決まった場合だけ、サイト運営側が報酬をもらうという仕組みになっています。

私たちは、1人のアルバイト採用が決まると、企業から3万円をいただく設定にしました。当時は成果型求人サイトの勃興期で、「リブセンス」が注目を集めていました。

このモデルなら、営業代行のビジネスモデルとは違い、自分たちが休んでいても、売上が発生します。

私たちは営業が得意なので、求人案件をどんどん集めることができました。

しかし、マーケティングのノウハウはなく、肝心の「応募者」を集めることに苦戦しました。となると、採用が決まるわけがありませんから、お金がまったく入ってこない状態です。

そのため資金がどんどんなくなっていき、ついには資金難に陥ってしまいました。社員の給料を払うのも大変な状態が数ヵ月続きました。

本当に苦しい時期が続きましたが、会社を清算するとか、社員を辞めさせるといった考えは一切ありませんでした。

どれだけしんどくても、絶対に社員は辞めさせない。

社員が自分から辞めてしまうのは、心苦しいが、仕方がない。

しかし、一度雇ったからには、家族を含め、その社員の人生を背負っている。

社長としては、経営判断として社員に辞めてもらうなんてことはしたくない。

私自身がほぼ100％株主だったこともあり、そのような思いで経営をしていました。

知人や身内からお金を借りてなんとか給与を支払う日々。

「5000万〜6000万円あれば、半年分くらいのキャッシュフローに充てられる。自分たちなら、その半年で絶対に巻き返せる」そんな思いがずっとありました。

まったく根拠はないのですが、自分たちが持っている大衆性にすごく自信がありました。

大衆性とはどういうことかというと、「一般大衆の共感を得られる」という自負です。

当時、インターネットサービスをつくっていたのは、日本のトップ10％の人たちだと考えていました。

国公立大学はもちろん、早稲田大学、慶應義塾大学、MARCH（明治大学、青山学院大学、立教大学、中央大学、法政大学）、関関同立（関西大学、関西学院大学、同志社大学、立命館大学）……大学を卒業したような人たちは、雲の上の存在でした。

そんな人たちの周囲には、私たちの周りにいるような、貧困にあえぐ人や仕事に困る人はそこまでたくさんいないでしょう。

私自身は、高卒です。

当時は高校時代の友人も日雇いで働いている人が多かったです。

日雇いの仕事では、雨が降ると仕事がなくなります。

そんな日が続くと、生活ができなくなります。

そんなときはお金の貸し借りなどもしていました。

もしも何千万人という人たちが使うサービスをつくるのであれば、多くの方々の生活感覚や気持ちがわかっているほうが、生活を本当によくするサービスをつくりやすいはずだと考えていたのです。

しかし、現実は社員の給料を払うこともギリギリで、借金だけが増え続けていました。

インタビューなどで当時の話をすると、「そんなに辛い状況で、どうして心が折れなかったのですか?」と聞かれることもよくあります。

確かに、客観的にはしんどい状況だったのかもしれません。

でも私は、信念を貫きたい事柄に対して「辛いから諦めてしまおう」と思ったことはありません。

最初に「諦めない」と決めきります。

決めきると、少し心がラクになります。

なぜならあとは「やるだけ」だから。

諦めないと決めきって、あとはそれを乗り越えた姿から逆算して行動していくのです。

テレアポで資金調達

そんなふうに資金難に陥っていた2012年、大阪の本町《ほんまち》にある紀伊國屋書店で、資金調達に関する本を読んでいました。

すると「ベンチャーキャピタルから調達する」という短い章がありました。

「ベンチャーキャピタルって、何だろう?」

読んでみると、ベンチャーキャピタルとは企業に「融資する」のではなく、「出資する」ものだと書いてあります。

銀行はお金を貸すにあたり「企業の現状がどうか」を判断するが、ベンチャーキャピタルは「将来性」で判断すると書いてありました。

「これは俺のことや」

なぜかそう思いました。

前述しましたが、私の中では、「自分たちには将来性がある」と根拠のない自信がありました。「当面の運転資金があれば、絶対に成功できる」という思いが強くあったのです。

もしかしたら、ベンチャーキャピタルのなかには、それをわかってくれる人がいるかもしれない。

さっそく「ベンチャーキャピタル　日本」というキーワードで検索して、表示された上から順に電話しました。なにしろ、いろいろなことがよくわかっていないので、何を話せばいいのかもわかりません。

でもとにかくやってみるのです。

先方が電話に出た瞬間、開口一番に、

「もしもし、未公開株に投資してください」

と言いました。

いま思えば、怪しすぎる電話です。

いまでも覚えていますが、最初に電話したのが三菱UFJキャピタルでした。電話口に出た人は一通り話を聞いたあと、「その言い方は怪しく感じるので、こういう言い回しのほうがいいですよ」とアドバイスしてくれました。

ただ、その時はアポイントメントを取ることはできませんでした（数年後、アキッパを始めてからは三菱UFJキャピタルから出資をしていただきました）。

当時はリーマン・ショックの影響が尾を引き、「いまは新規投資をしていません」というベンチャーキャピタルがほとんどでした。

それでも20社ほどに電話し、3社のアポイントメントが取れました。

最初の2社は、会って話をすることはできましたが、われわれの財務の数字を見るなり、「ちょっとムリです」とその場で断られました。検討すらしてもらえませんでした。

何がいけなかったかというと、数千万円の債務超過になっていたことです。

「やっぱりベンチャーキャピタルからの出資でも『現状』は大事なのか」そう感じました。

最後にオフィスを訪問してくださったのは、大手ベンチャーキャピタルであるジャフコの山口泰典《やまぐちやすのり》さん（現・ファンファーレ代表取締役）でした。

オフィスに来たとき、山口さんの反応は少し違いました。

「この会社は何か、すごいことをやりそうですね」と、いきなり言われました。

お世辞かと思いましたが、「事業計画を出してください」と伝えられたのです。

ですが、私はその時まで、恥ずかしながら本格的な事業計画をつくったことがありませんでした。

山口さんにつくり方を教えてもらってなんとか提出し、何度もやりとりを重ねました。

すると2012年9月、1本の電話がありました。

「金谷さん、6500万円の出資が決まりました！」

なんと6500万円を本当に出資してもらえることになったのです。

当時はまだ駐車場シェアリングサービス「アキッパ」の構想すらないころです。

正直、入金されるまで、「絶対にどこかで審査を落ちるだろう」と半信半疑でした。

入金された数字を見た時は、本当に感謝の気持ちでいっぱいでした。

これは弊社の歴史において、とても大きな出来事の一つです。

電気を止められた暗い部屋で見つけた会社の活路

6500万円の出資を受けたからといって、安心してはいられません。資金を減らさないためにも、営業代行にも再度しっかり取り組もうということになりました。

しかし営業代行で会社の業績を上げようとしすぎた反動で、私たちはだんだん「営業数字」しか見なくなっていきます。

そうなると営業成績を上げるために、社員は無理な営業をするようになり、やがて営業先の方々からクレームをいただくことが増えていったのです。

「自分たちがやっていることは世の中のためになっていない」

そう感じることが増えていきました。

株式会社化したときから役員となった、共同創業者の松井建吾《まついけんご》がクレーム対応に行ってくれた帰りに、電話をかけてきました。

「元気さん、僕たちは何のためにこの会社をやってるんでしょう。ミッションや理念がなければもうやっていけません」

松井はもともと私の高校時代の後輩です。

私はサッカー部の27期生のキャプテンでしたが、松井は28期生のキャプテンでした。

正直、それまでミッションなど考えたことがありませんでしたが、彼のストレートな言葉を受けて、自分の中でしっかり考えてみようと思いました。

私は6500万円を調達してからも、会社にお金がなくなるのがイヤで、自分の給料は本当に最低限の金額にしていました。

キャッシュフローをギリギリで回すために、電気代、水道代、ガス代なども自動引き落としにせず、いつもコンビニ払いにしていました。

あるとき出張から戻ると、電気代を払い忘れていて、家に帰ったら電気が止められていたのです。

当たり前ですが、電気がないと、ものすごく不便です。

一番やっかいなのが、冷凍庫の霜が溶けて、水が漏れてしまうこと。

夜なのに蛍光灯がつかず、真っ暗。テレビも見られない。

そんな暗闇の中で過ごし、後日部屋に明りが灯った時、思ったのです。

「電気ってすごい。電気は本当に必要不可欠なものなのだ。電気みたいになくてはならないサービスをつくりたい」

そう強く思いました。

これを会社のミッションにしよう！

これがきっかけとなって、２０１３年の春に、ミッション「〝なくてはならぬ〟をつくる」が制定されたのです。

生活で困っていることを200個書いたら、「アキッパ」が生まれた

「〝なくてはならぬ〟サービス」とはどんなものだろう？

そう考えた際に、一つの定義を決めました。

なくてはならぬサービスとは、世の中の困りごとを解決するサービスだと定義しました。であれば、困りごとを社員全員で挙げて、それを解決するインターネットサービスを生み出せばよいと考えました。

出社したある日、私はオフィスの壁に大きな模造紙を貼り出しました。生活する中でどんな困りごとがあるか、社員のみんなで思いつくままに200個書いてみたのです。

「既読をつけずにメッセージが読めたらいいのに」
「いまの家では犬が飼えないけれど、犬の散歩だけしたい」
「衣替えのタイミングがわからない」
「漫画を何巻まで読んだか忘れてしまう」
「お菓子の食べすぎを注意してほしい」……

意外と出るもので、200個すべてが埋まりました。

もしこのお題が「200個の『事業アイデア』を書いてほしい」であれば、ここまでの数は出てきません。ブレストと言っているものの、「自分のアイデアを誰かが心の中でよく思わなかったらいやだな」などと抑制がかかってしまうからです。

ですが、「生活していて困ること」は、意外と誰でも思いつくものです。

困りごとの一つに、入社3年目の藤野佳那子《ふじのかなこ》が、

「駐車場は現地に行ってから満車だと知るため困る」

と書いてくれていました。

それを見た際に「たしかに、自分もサッカー日本代表の試合観戦の際に駐車場が満車ばかりでキックオフに遅れたり、営業先で周辺にコインパーキングがなくて困ったりした経験があるな」と思い出しました。

さっそく調査をしてみると、路上駐車の数が非常に多いことがわかりました。

東京では1秒あたり6万3000台、大阪では3万1000台の路上駐車があるという警視庁・大阪府警のデータが出てきました。

そして「なぜ路上駐車するか」という理由を調べてみると、第1位は、「駐車場が満車、もしくは駐車場がなかった」というものでした。

加えて、駐車場を経営している各社の決算を見ると、運営している駐車場の数が増えれば増えるほど、どこの会社も増収増益になっています。

需要に対して供給が足りていない、大きな市場を見つけたと思いました。

「そういえば……」と社員の1人が言い出しました。

「個人宅や月極の駐車場って、使われていないことが多いよね」

確かに、私の実家の裏にも月極駐車場がありますが、そこはずっと空いていました。

子どものころ、正月に親戚が来る時、その実家裏の月極駐車場の大家さんに父親が頼んで、1日数百円で借りていたことも思い出しました。

別の思い出もありました。

私は子どものころ、祖父母によく阪神甲子園球場に連れて行ってもらいました。

祖父は足が悪かった。

ただ、阪神甲子園球場の周辺には駐車場があまりないため、いまはなき甲子園競輪場のあたりに自動車を停めて、そこから歩いて阪神甲子園球場に向かうことになります。

その間に祖父は、何度も何度も休むので、数十分かけて歩きました。

辛そうな祖父と一緒に歩いていると、途中で団地の駐車場が空いているのが目に入ります。

子どもながらに、「あそこに停められたらいいのに」と感じていたことも思い出しました。

つまり、「個人宅やマンションの普段から使われていない駐車場や、契約されていない月極駐車場の車室」に対して、「コインパーキングがない、もしくは満車で困っている人」をインターネット上で引き合わせ、1日単位で使うようにできれば、「なくてはならない」インターネットサービスになるのではないか。

アキッパの構想が生まれた瞬間でした。

「これは、Airbnbのようなサービスですね！」「すみません、Airbnbって何ですか？」

実は200個の困りごとを書いてみたときは、アキッパの他にも二つ、「これはチャンスがあるのでは」と気になった困りごとがあり、そこから事業化するアイデアがありました。

一つはフードデリバリーのビジネスです。

書き出してもらった案で言うと、「飲食店の残った食材がもったいない」という困りごとと、「1人暮らしで残業が多いと、家に帰るのが遅くなるので自炊できない。健康的な晩ご飯が食べられない」という困りごとがありました。

そこで、飲食店の余った食材でつくった料理を、空き時間でアルバイトをしたい人たちに届けてもらうというサービスを考えました。

専門の配達員を雇わずに、その都度、時間がある人に配達してもらう。

当時はまだ存在していなかったのですが、ウーバーイーツと似た仕組みです。

サービス名は、当時「宅飲み」という言葉がはやっていたので、「宅食べ」という言葉を商標登録しました。すでに「出前館」はありましたが、料理を提供する店も限られていましたし、配達員は自社で雇っていました。

私たちは、かつての自分自身のようにお金を稼ぎたくて、時間の余裕がある人が自分の自転車やバイクを使って届けるサービスを考えていました。

もう一つはゴルフのメンバーのマッチングサイトです。

上級者2人と素人2人、4人でコースを回り、素人は上級者にゴルフを教えてもらう代わりにコース代を払う、というシステムです。

当時の主力社員が3チームに分かれて、この三つのアイデアを同時に進めようと考えました。そうすれば、どれか一つくらいは成功するのではないかと思ったのです（いま考えるとゾッとします。スタートアップが三つ同時に事業をつくるなんてめちゃくちゃです）。

その後、世の中に対して新規事業のアイデアをピッチし、反応を見ることにしました（新規事業のアイデアを、資料を使って説明することを「ピッチ」といいます）。

今度、大阪イノベーションハブという施設で「ピッチイベント」があるので、それに出てみよう。

私は当初「宅食べ」の担当でしたが、ピッチの資料づくりを繰り返すうちに「いちばん有望なのは駐車場ビジネスじゃないか」と思うようになりました。

だからこのピッチイベントでは「宅食べ」ではなく、「アキッパ」のピッチをしたのです。

三つのアイデアの中では、駐車場のビジネスがもっとも成功率が高いと思った理由があります。

まずフードデリバリーは料理を提供する飲食店を開拓しなければいけません。

ここを開拓するのは、私たちの会社は営業が得意なので容易でしょう。

ただし、「料理を注文する個人」、さらには「配達する個人」も開拓しなければいけない。

個人の開拓には、テレアポや訪問営業が通用しません。

つまり「営業が得意」という私たちの強みが生きないと考えたのです。

もう一つのゴルフのマッチングサービスは、個人と個人を結びつける完全なるCtoCビジネスです。これも、自分たちの強みを発揮できないことが予測できました。

その点、駐車場なら、月極駐車場の看板を見れば「空きあり」と書いてありますし、営業先となる駐車場オーナーの電話番号も書いてあるので、駐車場開拓も比較的行いやすそうです。

また駐車場を利用したいというユーザーも、スタジアム周辺で予約できるようにして、Jリーグクラブへ営業して提携するなどすれば、サービスを使う人は、それなりに多くなるのではないだろうか。そう考えたのです。

大阪イノベーションハブで行われたピッチイベントには東京からゲスト審査員も来ていました。

ピッチを終えると、審査員をしていたgumi創業者の國光宏尚《くにみつひろなお》さんから「これはめちゃくちゃいい！ Airbnbの駐車場版ですね」と言われました。

私たちは「Airbnb」を知らなかったので、壇上から、「すみません、Airbnbって何ですか？」と聞くと、会場から笑いが起きました。

もう1人の審査員だったＢＵＹＭＡを運営する「エニグモ」代表取締役の須田将啓《すだしょうけい》さんは、「日本にも、とうとうシェアリングエコノミーのサービスが来ましたか。ワクワクします」

と大絶賛してくれました。

私たちは、シェアリングエコノミーという言葉すら聞いたことがありませんでした。単に、社員全員で協力して困りごとを出して、「空いている駐車場をスマートフォンで貸し出せるようにしたらいいんじゃないか」と発想しただけです。

前述した、私たちが自信を持っていた「大衆性」が発揮されたのだと思いました。ビジネスにおいて、世の中でここまで認められたことがなかったので、その日一緒にピッチイベントに参加した広報の森村優香《もりむらゆか》と、駐車場の困りごとを出した藤野佳那子と祝杯をあげたことを鮮明に覚えています。

その日の懇親会で、エニグモの須田さんに「三つの新サービスを同時にするのは本当に難しい。一つに集中したほうがいいと思いますよ」とアドバイスをいただいたこともあり、私は真剣にそのことを考えながら帰路につきました。

その翌日も、会社としてどんな方向性に注力していけばいいのか、様々なパターンを考えました。

そして主力社員を集め「他の二つはやらず、『アキッパ』一本で行こう」という話をしました。

実は駐車場シェアリングサービスに注力すると決めたものの、調べてみると、すでに同じようなサービスの「軒先パーキング」がありました。

しかし、当時は規模がそれほど大きくはありませんでした。

私たちの営業力なら、「アキッパ」をすぐに大きくできるだろう。

そう考えて、競合の存在はあまり気にしませんでした。

ただ「アキッパ」のサービスをスタートした際に、社内にはエンジニアが一人もいませんでした。そこで大阪で「オオサカンスペース」というコワーキングスペースを運営している大崎弘子《おおさきひろこ》さん（現・Kaeru 代表取締役）に相談することにしました。

大崎さんは元々Chatwork（現・kubell）にアルバイトで入社し、広報などを担当されていました。

のちにグループ会社の代表に就任し「オオサカンスペース」を運営。その後、株式譲渡（MBO）により独立された方です。

2012年ごろに大崎さんが主催する「IT飲み会」というイベントがあり、そこに参加したことで知り合ったのです。

だから「ITといえば大崎さんだ」とすぐに相談に行ったのです。

「こういうサービスをつくりたいのですが、どういったエンジニアの方がいいですか？」
「まず外注ではなく、社員を雇うかフリーランスの方に業務委託でやってもらったほうがいいですよ。大きくしようとするサービスって、ずっとアップデートや運用が必要で、完成はないんです。だから外注で納品されて終わりってことでは厳しい。横の机でコミュニケーションをとりながら、つくり続けてくれるぐらいのほうがいいですよ」

現在、アキッパは毎週のように新機能開発や機能改善しています。当時は知りませんでしたが、大規模サービスをつくるとなれば、それが当たり前だったのです。

大崎さんはその後「勇《いさむ》さんがいいかもしれないですね」と言いました。

フリーランスのエンジニアである勇さんは、以前にも関わりがありました。温厚で話しやすいうえに、意見は遠慮せずに言ってくださる方です。

実はサービス開始から10年経ったいまも、業務委託メンバーとして関わってもらっています。

アプリやWebサービスをつくるには必要な役割があります。

当時はまずプロデューサーを私が務めました。プロデューサーとしての役割は、プロダクトの方向性を決めることです。戦略を策定し、予算や進捗管理もします。

そしてプロデューサーが決めた方向性に向けて、開発スケジュールを作成し、プロジェクトを遂行するのがディレクターです。就任したのは共同創業者の松井建吾。

どのような機能が必要か、細部まで企画設計するプランナーには、困りごとを出した藤野佳那子が就任しました。

そしてエンジニアと、デザイナーが必要でした。

エンジニアはコワーキングスペースで会った勇さん、デザイナーも同じコワーキングスペースでお会いしたフリーランスのｎａｏさんにお願いしました。

５人のうち、３人が素人というチーム構成でプロダクト開発を始めることになったのです。

最初のうちは業界の慣習も、エンジニアに対する仕事の頼み方も見当がつかなかったので、大崎さんにたびたび質問をしていました。

最初に言われたのが、「まず、スーツじゃなくて私服にしたほうがいいんじゃないですか？」というアドバイスでした。

私は営業畑で育ってきたので、仕事中は基本的にスーツにネクタイ姿でした。

しかしＩＴ業界ではカジュアルな私服が一般的です。そんなところへスーツ姿でいると、威圧感があってエンジニアが萎縮してしまうと言われたのです。

そういった形でプロダクトの開発が始まりましたが、最初のうちは開発コストが発生するのみなのでお金が出ていくだけなのですが……。

実は、開発コストに耐えられる体制になっていました。


2013年当時、われわれの会社には好調な事業がありました。

それは、オンデマンド出版事業です。

営業代行では仕事の意義を感じられなくなっていました。

なにしろ私たちが営業代行で目指すものは売上しかなかったからです。

それに、あるユーザーの携帯キャリアがA社からB社に替わったところで、世の中がどうなるものでもない。もちろん携帯キャリアで働く人たちは誇りを持って仕事をしていると思いますが、私たちは三次営業代理店としてそこまで考えられませんでした。

そこで、2013年に「ギャラクシーブックス」という出版事業を立ち上げていたのです。といっても、「商業出版」とは少し違う仕組みです。


では、どういう仕組みなのか？

まず、名刺代わりに書籍を出したいという人は意外と多くいます。

ただ、紙の本を刷る「自費出版」は著者負担で百万円単位のお金がかかるというデメリットがあり、在庫が残るリスクもあります。

一方、「電子書籍出版」だと在庫のリスクはなく、かつ安価でつくることもできますが、やはり「紙の本を出したい」というニーズを持つ人たちが多いのです。

このニーズに応えたサービスをつくるため、いろいろと調査したところ、私は、アマゾンや楽天には、注文を受けてから紙の本を印刷し、発送する「プリントオンデマンド」という仕組みを発見していました。

先に印刷することはないので、在庫のリスクはありません。

書籍のデータをＰＤＦにしてアマゾンに送信することで、アマゾンに書籍が並びます。

この仕組みによって、こちらで編集やデザインを担当しても、著者は数十万円で紙の本を出版することができるという仕組みを整備することができました。

ギャラクシーブックスがヒットし、書籍を出版したいという経営者が続出しました。

ギャラクシーブックスのおかげで当時は資金的にも余裕ができ、アキッパはサービスの収益化を急がなくても開発に集中できたというわけです。

ギャラクシーブックスが好調だったので、営業代行や求人サイトの運営は2016年までに終了し、akippa社全体の事業は、アキッパとギャラクシーブックスだけになりました。

2016年にはギャラクシーブックスに従事する社員数も40〜50人に増えていたので、アキッパとギャラクシーブックスの社員数を足すと110人ほどの大所帯になっていました。

ここで改めてお伝えしておきたいのは、アキッパ開始時の社員数は、営業担当者を含めてもたった6人だったということです。

新規事業は少人数で始めることが非常に大事だと思います。新規事業は、短期間に様々な試行錯誤をしていく必要があるのですが、少人数のほうがメンバー間でコミュニケーションを取りやすいためです。

そして、メンバーを選ぶときに重要なのは、批判的な人を入れないことです。

「この事業は駄目だ」「○○というリスクがあるから、うまくいかない」というように、できない理由を理路整然と述べて可能性を絞ってしまう人がいると、他のメンバーにいい影響を与えません。

それよりも、「このサービスが成功するには、どんなことが必要なのか?」「この事業を大きくするんだ」というように考えを前向きに広げられる人を初期メンバーとして選抜するのが、新規事業を立ち上げるときのコツだと感じます。

社内の「アキッパは失敗する」という雰囲気を「外部評価」で打ち破る

なるべくお金を使わないように少人数で始めた「アキッパ」ですが、実は社内では不人気でした。そもそも営業が好きで入ってきた社員たちばかりですから、「インターネットサービスの将来性があるからやってみよう」と言われても、半信半疑の社員がほとんどでした。

「こんなサービスがうまくいくはずがない」

これが社内の空気だったことは間違いありません。

社員のモチベーションを高めるために、自分から社内に語りかけていくことも継続していく必要はありますが、アキッパの将来性に気づいてもらうためには、外部評価も必要でした。

そこで2014年12月に、スタートアップの登竜門と言われる「IVS LAUNCHPAD」というピッチコンテストに出場することにしました。

IVS LAUNCHPADは、過去にクラウド会計のfreee、クラウドワークスが優勝して

います し、現在、多くの人に利用されているマネーフォワードでも、過去に出場した際は4位だったというピッチコンテストです。

もしそこでアキッパの事業アイデアが高く評価されれば、いわば外部からの「お墨付き」を得たことになるので、社員がアキッパへの希望を持つことができるはずです。

社員の間では「アキッパが本戦に出られるわけがない」という雰囲気が漂っていました。ピッチコンテストに出場する真の目的は「アキッパに注力していくための、社内のモチベーションの醸成」だったので、絶対に優勝しようと心に決めていました。

本番では、資料を投影しながら、6分間のプレゼンをすることになります。

事前の練習を、数百回は行いました。

いつも同じ人に聞いてもらうのではなく、毎回違う人にお願いしていました。

アキッパをまったく知らない人にも聞いてもらって、「理解しやすいか」「わかりにくいところはないか」をフィードバックしてもらいました。

練習の甲斐もあって、本戦に出ることができました。

そして、いよいよ本戦の日がやってきました。

審査員はLINEの社長や、ヤフーの役員など、メディアで知られる方ばかり。

しかし、緊張はしませんでした。散々練習したので、私はかなり落ち着いていました。前日の夜には、共同創業者の松井と紅葉のライトアップを見に行ったぐらい、心理的には余裕がありました。

結果的に、大阪にある会社としては初めてＩＶＳ ＬＡＵＮＣＨＰＡＤで優勝しました。

実を言うと、ＩＶＳ ＬＡＵＮＣＨＰＡＤに応募したのはこれが初めてではありませんでした。その前の２０１４年春の回に応募して、書類選考で落ちています。ＩＶＳ ＬＡＵＮＣＨＰＡＤには数百社から応募があり、決勝である本戦に進めるのは12社のみ。

また、ＩＶＳでは運営スタッフを募集しています。私はインターネット業界の人たちとはまったく縁がなかったので、知り合いをつくろうと思い、スタッフにも応募していましたが、それにも落ちていました。

ＩＶＳに参加すること自体、難しかったのです。

そんな会社が、書類落ちした次の大会でいきなり優勝したのです。

本当に無名の会社が優勝したことになります。

当時はまだギャラクシーエージェンシーという社名でした。

その３ヵ月後、「アキッパの成長にかけていくんだ」という思いから、社名を「akippa株式会社」へと変更しました。

第2章

「業界の巨人」との対峙

アキッパの初月売上はたった2万円

２０１４年4月にアキッパのサービスを開始したものの、初月の売上はたったの2万円でした。

私たちはもともと営業に特化した会社だったので、「空いている駐車場を貸し出したい」という人を見つけるのは得意でした。月極駐車場を探して自転車で走り回り、「空きあり」の看板を見つければ、その看板の電話番号に電話をかけて営業ができます。

「ここをアキッパに登録していただいて、１日単位の予約を取りませんか？　まったく稼働しない可能性もありますが、それでも駐車場オーナーはアキッパに一円もお支払いいただくことはないので、損することはありません」

このようなトークでどんどん契約を取ることができました。

サービス開始前に営業は始めていたので、実際にローンチする時には約７００ヵ所の時間貸し駐車場を獲得することができていました。

それなのに、なぜ初月売上が２万円だったのか。

結局、駐車場を使うのは個人のユーザーです。

以前の「リバイト」の時と同じく、個人へのマーケティングのノウハウを私たちは持っていませんでした。


ただ、起業家の本を読むと、皆さんも、創業時の「ユーザーの集め方」には苦労しているようです。

たとえば楽天市場も最初の出店者を何十店舗か集めたはいいものの、インターネット通販がまだ普及する前だったので、ネットで買い物をする人はあまり集められませんでした。創業者の三木谷浩史《みきたにひろし》さんが自分で楽天市場の商品を買うこともあったようです。

いまや１０００万人の会員数を突破している、ＣtoＣのＥＣサイト「ＢＵＹＭＡ」も、最初は知り合いや自分たちの家族しか購入していなかったと聞きました。


やはり最初はそういう苦労があるものなのでしょう。

私たちは、「とにかく駐車場を増やしながら、ユーザー獲得のために知名度も上げていこう」と考えていました。

知名度を上げるために取り組んだのは、テレビに無料で出ようとしたことです。「個人宅の駐車場を1日単位で貸し出すアプリができた」というのは一般の人にとってインパクトがあるニュースになるはずです。

テレビ局の制作スタッフがテレビ番組で取り上げる話題をどうやって探しているかを調べると、どうやら新聞や雑誌の情報をもとにトピックを集め、そこから取材してテレビで放送することが多いとわかりました。

そこで、まずは新聞社にアキッパのサービス内容を書いたプレスリリースを送りました。運よく新聞に掲載されたのですが、後日、それを見たテレビ局のスタッフから、本当にオファーが来たのです。

メディアに取り上げられた影響で個人のユーザーが増え、1ヵ月で売上が100万円ぐらいまで伸びました。

実はアキッパは2014年のサービス開始から広報担当者がいました。広告を出す資金がなかったので、無料でアピールする方法は、広報にも真剣に取り組むしかないと思っていたのです。

このころの広報の頑張りについては、のちほど第12章で、担当者からも話してもらいます。

総額35億円の出資を受ける

アキッパは先行投資が必要になるビジネスです。

サービスの開発には莫大な費用がかかります。

営業代行をしていた社員や、出版事業で利益を出してくれている社員からすれば、自分たちが稼いできたお金を、成功の保証もない新規事業にかけることは面白くなかったと思います。

「個人向けサービスをやったこともないのに、うまくいくのか」「ノウハウがないのに本当に大丈夫？」という意見も出されていました。

新しいものを生み出すときは社内の反発がつきものです。

「これは本当にいいサービスだから」「俺たちならやり切れる」と説得して突き進みました。

AirbnbやUberなどでシェアリングエコノミーが一気に注目を集めていましたが、そのころは、日本国内でその領域で成功している会社はほとんど存在していませんでした。

まして、私たちの場合はシェアリングエコノミーという言葉も、AirbnbもUberも知りませんでしたが、偶然そういう領域のアイデアを思いついたことで、インターネットサービスで成功している人たちからは注目されていました。

それで関心を持ってくださったのがディー・エヌ・エーです。

２０１４年の春にスタートアップがブースを出す「アプリ博」というイベントがありました。そこにアキッパが出展したところ、ディー・エヌ・エーの投資担当者が来てくれました。テック博を運営するTechWaveというメディアにブース出店することを事前に載せてもらっていたので、ディー・エヌ・エーの人が、われわれが出展することを知って、訪ねてくださったのです。

ブースに来てくれたとき、私はたまたま昼食に行っていて不在でしたが、その後もう１回会いに来てくれました。

その１人は、当時ディー・エヌ・エーで投資担当の役員をしていて、かつてはミクシィの代表取締役副社長ＣＯＯでもあった原田明典《はらだあきのり》さん（現・Coalisジェネラルパートナー、akippa社の社外取締役）、もう１人は服部慎太郎《はっとりしんたろう》さん（現・スナックミー代表取締役）でした。

「シェアリングエコノミーのサービスを探していました」とおっしゃって、その場で少し話し、早々に3000万円の出資を即決してくれたのです。

そして前述した大阪のピッチイベントでお会いしていた「BUYMA」を運営するエニグモの須田社長も、個人として500万円を出資してくださるなど、他の方も合わせて5000万円の出資が決まりました。

さきほどもお伝えしましたが、この時の売上は月間2万円でした。

そんなときに5000万円の出資を得ることができたので、社内でも一定の理解を得ることができました。

また、大変ありがたいことに原田さんは2016年に、日本のトップベンチャーキャピタルであるグロービス・キャピタル・パートナーズも紹介してくれました。

私たちは感覚で経営している部分が多かったので、理論に基づいた経営は全然わかっていませんでした。そこで原田さんに、「経営面で厳しい指導をしてくれるベンチャーキャピタルはないですか？」と聞いたのです。

そこで紹介してもらったのがグロービス・キャピタル・パートナーズでした。

さらに、トヨタ自動車、三井住友銀行、スパークスの三社で運営している「未来創生ファンド」や、社外取締役になっていただいた杉山全功《すぎやままさのり》さんからも出資していただきました。

話は2016年にさかのぼります。

当時、トヨタ自動車のe－TOYOTA部で部長をしていた藤原靖久《ふじわらやすひさ》さんから、いきなりフェイスブックのメッセンジャーが来て、トヨタ自動車のスマートフォンアプリ「TCスマホナビ」（現在はサービス終了）で、アキッパの駐車場の予約が可能となるよう提携したいと言っていただいたのです。

それと同時に「トヨタにはファンドがあるから出資検討もしたい」と言っていただき、結果的に出資をしていただきました。

サービス開始2年で、まさかトヨタ自動車と提携できるとは思っていませんでした。

それ以降もSOMPOホールディングスや住友商事、日本郵政キャピタルなどから出資を受けるなど、総額35億円の出資を受けることになりました。

アキッパのサービスを始めてからは、出資を断られたことがほとんどありません。

あれだけ資金不足に苦しんだ会社でしたが、世の中を変革しようという情熱に資金が集まったのです。

「社長より優秀な人」を採用する

アキッパを開始した2014年ごろまでは、主に知人や新卒の人材を採用していました。それまでは会社のメイン事業は営業代行でしたし、私自身、営業が得意だったので、営業なら自分で教えることができます。そのため「大手企業から人を採用しなければ」と思ったことはありませんでした。

しかしこれからアキッパを主力にやっていくとなると、テックサービスに詳しい人材や、自分たちが知らない領域に詳しい人材を採用しないといけません。

われわれは未経験なので、何もわかりません。

その状態でマーケティングチーム、CS（カスタマーサポート）チームも、未経験ながら共同創業者の松井が立ち上げていました。

ですが、その体制では成長に限界がありますし、だんだん自分たちの手も回らなくなっていきます。

そこで「社長より優秀な人を採用する」と決めて、松井と共に採用を強化していきました。

とはいえ、どういう人を採用すればいいかも、入社後どういった活躍をしてもらうべきかもまったくわからなかったので、最初はディー・エヌ・エーの社員に出向をお願いしました。

ディー・エヌ・エーで原田さんの後にアキッパの担当になったのが、のちにタクシー配車アプリ「GO」の代表取締役社長になる中島宏《なかじまひろし》さんです。

原田さんと中島さんが、アキッパに足りないピースを補強してくれる人を連れてきてくれました。

エンジニア、事業企画、そしてエンタプライズセールス（大手企業向け営業）をそれぞれ担当する三名です。

実際に働いてもらって、「こういう人を優秀というんだ。こういう人を採ればいいんだ」とイメージを持つことができました。

私たちは「営業に強い人が優秀だ」と、ずっと思っていました。

それ以外には、何をもって優秀と判断すればいいのか、わからなかったのです。

事業企画で来てくれたのは橋本舜さん（現・ベースフード代表取締役）でした。

事業計画を一緒につくってもらいました。

私たちはゼロからイチを立ち上げるのは得意でしたが、「1を10にする」オペレーションの部分が得意ではありませんでした。

ディー・エヌ・エーの人たちがオペレーションの部分で、非効率だった仕事の生産性を高めたり、計画に沿って進めたりするのを見て、「こういうことができる人を採用できるようになればいいいんだ」と具体的なイメージを持つことができました。

というわけで、採用すべき人物像を摑むことはできたのですが、優秀な人材として力を貸してくれている彼らは、ディー・エヌ・エーからの出向なので、いつかはakippa社を去ってしまいます。

今後は、とにかく自分たちで、自社の人材を採用していかなければいけません。

「自分たちより優秀な人を採用する」という新しい方針のもとで最初に採用したのが、Googleにいた広田康博《ひろたやすひろ》です。彼は出身地の関西に戻るタイミングで、関西のスタートアップを探していたそうです。

広田はいろいろな会社からオファーをもらっていましたが、「Googleにいるのではなく、地元の大阪で次のGoogleをつくりましょう」と言って、口説き落としました。

他の会社は「いかに自分たちがイケているか」を話したらしいのですが、私たちは壮大なミッションを語るくせに、「いかに自分たちができないか」を話したのが入社の決め手になったそうです。「助けたい」と思ったようです。

Googleから大阪のスタートアップに人が入ってくるなんて、当時はあまりないことでした。そこで広報が「akippa社がGoogleから人材を獲得した」というリリースを出したところ、テック業界向けのＷｅｂメディアである「キャリアハック」に、「なぜGoogleの社員が大阪のスタートアップに転職したのか」という記事が載り、それが話題になりました。

この記事が起爆剤になり、広田の入社が「ファーストペンギン」となって、そこからいろいろな人を採用できるようになりました。

現在、取締役ＣＣＯの杉村大輔《すぎむらだいすけ》は、ファーストロジックという東証一部上場企業（現・東証プライム上場企業）の取締役でしたし、取締役副社長ＣＯＯの小林寛之《こばやしひろゆき》は、丸亀製麺で知られるトリドールホールディングスの常務取締役ＣＦＯでした。

経営者は、創業当初は何でも、自分でやる必要があります。

しかし、得意ではない分野をずっと自分で行う必要はありません。

むしろ、できる人を連れてくるのが経営者の仕事です。

経営者自身に各分野のスキルがなくても、チームビルディングと、メンバーを束ねるリーダーシップがあれば、戦うことができるのです。

「自分より優秀な人が来ると、自分の立場がなくなるのではないか」と心配する経営者も多いのですが、必ずしもそんなことはありません。スキルの高い人と一緒に働いていると、自身のスキルを向上させることもできます。

またサッカーでも、一番上手な人がキャプテンを務めるのは小学生ぐらいまで。

中学生、高校生となると、キャプテンになるのは、「チームを一番まとめられる人」です。

そして何より、自分の保身よりも、会社のミッション・ビジョン実現が最も重要です。

それを成し遂げられるチームをつくることが大切なのです。

アキッパを本気で成長させるという決断

話は2014年にIVS LAUNCHPADで優勝したころに戻ります。

私は初期の経営陣である松井建吾、加戸昌哉《かどまさや》、佐川雄紀《さがわゆうき》、佐藤宗司《さとうしゅうじ》と経営合宿を行いました。

まるで家族旅行のような、修学旅行のような、思い出としていまもよく覚えています。

ＩＶＳ ＬＡＵＮＣＨＰＡＤで優勝し、今後どうしていくのか、腹を割って話し合いました。

結論として、私や松井はもちろんのこと、佐川、佐藤といった営業のエースたちもアキッパを成長させることに注力すると決まりました。

そして、専務取締役だった加戸さんがギャラクシーブックスを率いることになったのです。

そこから2年が経ち、新しい社員が入ってくるにつれ、アキッパも徐々に成長していきました。売上推移を見返すと、最初は年間数百万円だったのに、２０１６年あたりから成長の兆しが見えはじめ、２０１７年には5億円近くの売上になってきました。

そこで考えたのは、オンデマンド出版事業の「ギャラクシーブックス」をどうしていくかです。

オンデマンド出版事業も２０１３年の立ち上げからうまくいっていたので、そちらも人がどんどん増えて、同じオフィスに二つの組織があり、両事業部合わせて１１０人ぐらいになっていました。しかし、組織カルチャーや事業構造がまったく異なるため、組織としての考え方のギャップが目立つようになっていました。

ギャラクシーブックスは営業の強い事業部で、着実に利益を出しているけれど、一方のアキッパはテックカンパニーを目指す事業部でした。一つの会社に二つの事業部がある状態なので、経営者としての自分のリソースも両方に割かれていました。

私たちは、そこである決断をします。

2016年にギャラクシーブックスをakippa社の子会社とし、ギャラクシーブックスを率いる加戸さんに子会社の代表に就任してもらいました。

そして、2017年には別グループへ売却することになりました。

実はいまも加戸さんが牽引していて、GalaxyBooks株式会社として成長し続けています。また、中学校の同級生で弊社の正社員第一号の小畑くんも、この会社で活躍しています。

改めて、ギャラクシーブックスにいたメンバーの思いも背負って、アキッパを成長させていきたいと思っています。

「アキッパは終わったな」

アキッパをスタートさせた際、「サービスを伸ばしていくと、いつか大手テックカンパニーが参入してくる」と、そんな話をしていました。

アキッパの事業が成長軌道に乗り始めた2016年から2018年にかけて、大手テックカンパニーが、こぞって駐車場シェアリングサービスに参入してきました。

参入してきたのは楽天グループ、リクルートグループ、ソフトバンクグループ、ドコモグループ、光通信グループ。

これだけの規模の会社が、それも一気に何社も入ってくるとは……

かつて私たちは光通信系の会社を経由してインターネット回線の営業代理店をやっていて、ソフトバンクの携帯電話をたくさん売っていました。

「ソフトバンクの携帯電話を売っていたら、一生ソフトバンクを超えられない」

そう思い、自社サービスを始めたのはすでに述べた通りです。
そのソフトバンクが、私たちがつくっている市場に入ってきた……
私はすごく興奮して、当時「note」に「ソフトバンクがライバルになった日」というタイトルで文章を書いています。

昨日、新たにソフトバンクさんが参入を発表した。

（略）

1人ワンルームのマンションでソフトバンクさんの商品を売ってた会社が、ソフトバンクさんのライバルになることができる。これは感慨深いものがある。

そして何よりこんなに燃えることはない！

しかし最も見なければならないのはユーザー。

提供するものは駐車場そのものではなく、人と人が会う手助けである。

「困りごと解決企業として、世界一のモビリティプラットフォームをつくる」ことで、世の中はより良くなると信じている。モビリティの未来をしっかり創っていきたい。

Always Beyond.

2018年7月14日 金谷 元気

このころは大手テックカンパニーが参入するたびにNewsPicksなどで「アキッパは終わったな」といったニュアンスのコメントを書かれていました。

社内の雰囲気は絶望的でした。と言いたいところですが、「人生賭けてる俺たちが負けるわけがない」とアドレナリン全開の雰囲気でした。

ただ、気持ちだけではダメです。

私たちは大手テックカンパニーの参入に対し、着々と対抗策を打っていきました。

2019年までに合計で35億円の資金調達をしたこともそうですし、採用をさらに強化したこともそうです。

このときまでに、全チームのマネージャーが入れ替わりました。

マーケティングチームも、プロダクトチームも、広報チームも、駐車場開拓チームも、マネージャーは新たな転職者に替わりました。

もともといた社員は、いままで営業に邁進《まいしん》してくれていた人たちです。

アキッパという未知の事業モデルで、しかも専門領域ではない仕事を任されていたので、不安を抱えていたのでしょう。普通は、新しく入ってきた人がいきなりマネージャーとして着任して彼らにマネジメントされるのは面白くないはずです。

ところが、古くから在籍している社員には、彼らのバックグラウンドに敬意を払って、温かく迎え入れるマインドがありました。

これは本当にすごいことだと思います。

もっとも、私は昔から折に触れ、「会社が成長していったら、私たちは能力が追いつかなくなる。そのときまでにスキルを成長させるか、もしくは自分より優秀な人を受け入れるマインドを養っておかないといけない」と、そんな話をしていました。

そのような風土が組織に根づいていたのかもしれません。みんな新しく入ってきた人をリスペクトして、彼らの活躍、そしてakippa社の文化を支える存在になってくれました。

会社の規模が大きくなるときは、組織内のいろいろなバランスが崩れるときでもあります。一時的にひずみが生まれることもありますし、会社を去っていく人も出てくるかもしれません。

しかし、akippa社には長く働いてくれている人が大勢いて、みんなが支えあっています。

そのあたりもアキッパの強さの理由だと思っています。

セレッソ大阪との提携

もともとJリーガーを目指していた私ですが、まさか駐車場シェアリングサービスでJリーグクラブと仕事をする日が本当にやってくるとは思ってもみませんでした。

サッカーの試合が行われるスタジアムの近辺は、渋滞がひどくなります。そのため、かつてはクラブが公共交通機関の利用を推奨していました。しかしアキッパで予約してもらえれば、目的地は最初から決まっていて、ぐるぐる走り回って駐車場を探さずに済むので、結果的に渋滞が起きにくくなります。

最初に提携したのはセレッソ大阪です。

2016年のある日、U－15（15歳以下のクラブチーム）時代の先輩後輩との飲み会に参加したことがありました。

忙しかったので参加するかどうか悩んだのですが、大阪の東部にある八尾《やお》市に足取り重く向かったのです。

たわいもない話をしている中で、後輩の1人がセレッソ大阪で働いているということがわかりました。アキッパの話をしていると、「セレッソ大阪のサポーターの方々の駐車場課題を解決できるのではないか」という話になりました。

これがJリーグクラブとの初の提携につながり、駐車場開拓も結果が出ました。

これらの取り組みの結果として、周辺での渋滞は解消されました。


この成功事例を他のクラブにも応用しようと、名古屋グランパス、東北楽天ゴールデンイーグルス、茨城ロボッツなどをはじめとして、サッカー、プロ野球、バスケットボールと、様々なプロスポーツクラブとの協業をさせていただくことになりました。

現在では、30以上のプロスポーツクラブと提携しています。

個人的には、過去にプロ契約を目指し、練習に参加したことがあるサガン鳥栖、ザスパ群馬との提携はエモーショナルでした。

このような取り組みのおかげで、スポーツファンのあいだでアキッパの知名度が一気に上がっていきました。

図2 **プロスポーツクラブとの提携一覧**

野球	東北楽天ゴールデンイーグルス
サッカー	セレッソ大阪、名古屋グランパス、 サガン鳥栖、FC 町田ゼルビア、 レノファ山口 FC、ブラウブリッツ秋田、 栃木 SC、ザスパ群馬、 FC 琉球、松本山雅 FC、 ツエーゲン金沢、いわてグルージャ盛岡、 FC 今治、FC 岐阜、カターレ富山、 奈良クラブ、栃木シティ FC、 アトレチコ鈴鹿クラブ
バスケットボール	茨城ロボッツ、宇都宮ブレックス、 広島ドラゴンフライズ、シーホース三河、 川崎ブレイブサンダース、 島根スサノオマジック、 群馬クレインサンダーズ、 信州ブレイブウォリアーズ、 富山グラウジーズ、越谷アルファーズ、 熊本ヴォルターズ、滋賀レイクス
卓球	琉球アスティーダ

（本書執筆時点）

社員全員で巻き起こした最高の「番狂わせ」

楽天グループ、リクルートグループ、ソフトバンクグループ、ドコモグループ、光通信グループが、アキッパと同様のサービスを始めたことはすでに述べました。

私たちから見て脅威だったのは楽天グループです。

楽天グループは、楽天の各種サービスで使える「楽天ポイント」を武器に、「楽天経済圏」を築いています。何千万人という会員たちがユーザーになれば、アキッパは一瞬で追い抜かれてしまうかもしれません。

しかし、実際にやってみるとそれほどうまくいかなかったようです。

参入してきた大手テックカンパニーは現在までにすべてサービスを終了しました。

このビジネスは、駐車場の数が勝負です。

ユーザーにとっては、使える駐車場がたくさん登録されているほど便利です。

駐車場がたくさん登録されていると、「このサービスは使いやすい」と評価が広がっていき、ユーザーが集まりやすくなります。ユーザーが集まれば駐車場オーナーが儲かるようになるので、駐車場を貸し出してくれる駐車場オーナーがさらに増えていきます。

このようなサイクルを「ネットワーク効果」と言います。

アキッパのような売り手（駐車場オーナー）と買い手（ユーザー）の両方を引き合わせるビジネスは、売り手の数が多くないと大きく成長させることが難しいのです。

私たちは、駐車場オーナーに直接営業して、契約をとってきてもらうための駐車場開拓代理店システムを全国につくり、泥臭いことを徹底してやりきっていました。その部分で、他社を圧倒してきたところがあると自己分析しています。

また、「駐車場がどこにあるか」も重要です。

人が移動をするときには、絶対に「目的地」があります。自動車での移動の場合、駐車場というのは目的地に至るまでの「経由地点」ですから、目的地の近くにないと使ってもらえないのです。

「あのアプリを見れば絶対に目的地のそばに駐めるところが見つかる」というぐらい駐車場

が密度高くあるかどうかで、ユーザーがサービスの善し悪しを判断します。

目的地から遠いところにポツリポツリとある程度では、誰もそのサービスを使いません。

私たちは各地に人員を投入し、粘り強い駐車場開拓活動を通じて「目的地のそばに駐車場がある」という状態をつくりあげたのが、大手テックカンパニーに打ち勝った要因だと思います。

サッカーでは、弱小チームが強豪に勝つような番狂わせを「ジャイアントキリング」といいます。

私たちの「ジャイアントキリング」はまさにこのとき起きたのでした。

第3章

「非線形な成長」を目指して

黒字化直前から一転、数千万円の単月赤字

２０１８年に会員登録数が１００万人を超え、２０１９年の夏には月間売上が1億４０００万円を突破して、損益分岐点への到達が目前に迫っていました。

「来年あたりに黒字化するだろう」

そう思っていました。

しかし、２０２０年春、新型コロナウイルスが流行します。

一気にスポーツやコンサートなどのイベント数がゼロになりました。

イベント開催時における周辺駐車場の需要は、アキッパの大きな収益源です。

私たちの記録によれば、２０１９年5月は、ドーム球場や大型ホールなどの主要会場だけで１７０回以上のライブやコンサートがありました。

しかし、２０２０年5月は０回でした。

2020年春は、前年同月比で売上が約4割減、数千万円の単月赤字でした。それでも、前を向いてやるべきことをやる必要がありました。

まずは、当時、管理部長（現在は執行役員CFO）の西野《にしの》将規《まさき》と共にすべてのチームのマネージャーに1人ずつ声をかけて、「まず削れるコストをすべて削ろう」と一つ一つの経費について細かく確認していきました。人件費以外のすべての項目を一つずつ「本当に必要な経費か？」と確認していったのです。

それに加えて、事業計画を4通りつくりました。

1 すぐに新型コロナウイルスが収束するパターン
2 半年で収束するパターン
3 1年で収束するパターン
4 3年たっても収束しないパターン

以上の4通りです。

最悪のシナリオになっても戦えるように、コストの見直しを繰り返しました。

次は売上をつくっていくことに着手しました。

データドリブンで新たな収益源を突き止める

アキッパでは、駐車場予約の際に利用目的を入力していただくようにしています。その利用目的のデータを見ていたら、パンデミックにおいて、唯一伸びている分野がありました。それが通勤需要です。

勤務場所の近くまで自動車で移動し、その周辺駐車場に駐めておくというニーズです。リモートワークが普及したとはいえ、それは一部の企業だけのことです。やはり現場に行かないと働けない職種はたくさんあります。

そのため通勤需要は落ちていませんでした。むしろ伸びていました。

イベントの会場周辺などの駐車場が収益のメインでしたが、方向転換し、オフィス街や工業地帯などの駐車場を開拓して、売上を確保していこうと決めました。

２０２０年秋のタイミングでは、イベントはまだほとんど開催されていませんでした。開催されても入場制限があり、入場制限があると駐車場はほとんど使われないので、売上も振るいませんでした。

対して、通勤で利用されている駐車場の売上が伸びていたので、アキッパの駐車場開拓代理店である2社の社長に相談しました。Be-flow の社長である池田好伸《いけだよしのぶ》さんと、YourEdge の社長の野村真悟《のむらしんご》さんです。

お2人は「アキッパのビジョン実現のため共闘しましょう」「アキッパのピンチを一緒に乗り切りましょう」と意気投合してくれました。

その結果、駐車場は大きく増えて、２０２０年中には前年同月比の売上でパンデミック前を上回ったのです。

このころは通勤需要は一時的なものかとも思いましたが、自動車通勤が習慣化したのか、新型コロナウイルス収束後も利用は減らず、２０２４年も過去最高を更新し続けています。

それまではイベント需要頼みの一本足打法のサービスでしたが、パンデミックが落ち着きを見せたいまも自動車通勤などの日常的な使い方は減らず、二本柱ができたと言えます。

コロナ禍の危機を乗り超える

2020年、2021年は新型コロナウイルスによる政府や自治体の規制が社会に影響を与えていました。イベントが開催されても観客数に上限があったり、ドームコンサートは開催自体が少なかったりと、パンデミック前の状態には戻っていませんでした。

しかし、2022年あたりから規制が徐々に解除されだして、声出し応援はできないものの、徐々にイベント数が回復しはじめました。

自動車通勤で利用する駐車場などの日常利用と、イベントの増加による駐車場利用の回復が嚙み合って、2022年の5月には損益分岐点に達してついに月次黒字化。その後、四半期での黒字化も実現しました。

「私たちは前を向き続けて、コロナ禍に打ち勝ったんだ」とみんなで喜んだことを覚えています。

「労働集約のアナログ零細企業」から「複利で売上を伸ばすテックカンパニー」へ

アキッパは成長を続けています。

ただ、これまでの伸びは、「メディア型による売上成長」でした。これはどのようなスタイルなのか？

メディア型では、営業担当者や駐車場開拓代理店が、駐車場を開拓していきます。駐車場開拓後、社内のチームが各駐車場を登録し、画像掲載〜駐車料金の設定まで行います。駐車場が稼働を開始した後も、アキッパが様々な対応をするスタイルです。

主に「アキッパが駐車場の開拓から登録まで行う」という体制で、駐車場の数を増やしてきました。

着実に成長していますが、このスタイルでは線形成長しかできません。

急成長するには、別の成長戦略もとらなければいけません。

その戦略の一つが「マーケットプレイス型による成長」です。わかりやすく表現すると、駐車場オーナー自身でアキッパに登録していただくスタイルです。

「マーケットプレイス型による成長」を遂げている有名なサービスとしては、メルカリが代表的です。

メルカリの商品数が多いのは、思い立ったら好きなときにユーザー自身がスマホ一つで出品できるからです。それと同じことを、アキッパの駐車場の貸し出しでもできるようにしたい。

そこで駐車場オーナー自身が、簡単にアキッパに登録して、価格設定もして、貸し出しまで行えるようにしました。

この成長戦略を実現するべく、新しく「オーナーモード」という機能を開発しています。ベータ版として一部の駐車場オーナー向けに提供し、フィードバックをもらいながら正式リリースを目指しているところです。

オーナーモードは、駐車場写真やPR文、貸し出し日などを自分でスマートフォン上で登録して、簡単に駐車場の貸し出しができるようになる仕組みです。

免許証などの身分証明書をスマートフォンで撮影することで審査が行われて、貸し出しが開始されます。

たとえば「来週旅行に行って、駐車場のスペースが空くから、その期間は貸し出そう」ということも簡単にできるようになります。

登録後は「自分の駐車場の収益がどれぐらい上がっているか」「どのくらい利用されているか」「ページがどれくらい見られているか」などのレポートもスマートフォンで見ることができます。

いままでは、akippa社の社員や駐車場開拓代理店が駐車場開拓に行ったエリアの駐車場登録が中心でしたが、この機能により、駐車スペースを持っている人なら誰でもどんどん登録してもらえるようになるのです。

まさにメルカリに出品するような感覚で、駐車場貸し出しができるようなサービスになると考えています。

これによりプロダクトがユーザーの行動を変容させ、非線形な成長も期待できるのです。

もちろん従来のメディア型の成長も必須ですから、これまでのやり方で伸ばしていく部分は伸ばしていき、メディア型、マーケットプレイス型、両輪での成長を目指していきます。

さて、ここまで第1部ではアキッパの歴史についてお伝えしてきました。

第2部以降は、各部門がどのようにアキッパを成長させてきたのか、社員と共に詳しくお伝えしていきます。

第2部

実践！
「番狂わせの起業法」

第4章

ミッション・ビジョン

ミッション・ビジョンって本当に必要？

企業にとって、ミッション・ビジョンは重要なものとされています。というより、「最重要とされている」といったほうが正確でしょう。

ミッション・ビジョンがあると、目指す方向性が会社全体で統一され、業績向上にもつながりやすくなります。また出資を受ける際にも、投資家からミッション・ビジョンについての質問を受けることが多々ありました。明確なミッション・ビジョンがあることで投資家からの信頼を得られ、成長機会をより多く得られたと実感しています。

ではミッション・ビジョンとは、何でしょうか。

ミッションは、わかりやすく言えば「会社の普遍的な使命」です。

そして、ビジョンとは、「企業や組織が将来どのような状態を達成したいかを示す長期的な展望。将来の方向性を示すもの」です。

わかりやすく言うと「なりたい姿」のことだと、個人的には定義づけしています。

メルカリや印刷プラットフォームのラクスルなどを見ていても痛切に感じることなのですが、大きく飛躍したスタートアップがミッション・ビジョンを大事にしていることは間違いありません。

いまでこそ、私もミッション・ビジョンの重要性を理解していますが、アキッパのサービスを開始するまでは、ミッション・ビジョンを決めるどころか、真剣に考えることすらありませんでした。

「そんなもの、ほんまに必要なんかな」「かっこいい言葉をスローガンとして並べとけばいいんじゃないの」と思っていたほどです。


しかし、アキッパというサービスが誕生したきっかけは「〝なくてはならぬ〟をつくる」というミッションを制定したからです。逆に言えばミッションを定めていなければ、アキッパというサービスは誕生していません。

ミッション・ビジョンは、何よりも重要なことだと思います。

akippa社のミッション「〝なくてはならぬ〟サービスをつくり、世の中の困りごとを解決する」

akippa社のミッションは、2013年5月に誕生しました。

共同創業者の松井から、「ミッションがないとやっていけない」と言われて思案し、電気代を払い忘れて、電気が止まったことで「電気のような必要不可欠なサービスをつくりたい」と考え「〝なくてはならぬ〟をつくる」と制定しました。

そしてそれから10年後の2023年5月。ミッション制定10周年のタイミングで、ミッションをアップデートしました。

それまでは「〝なくてはならぬ〟をつくる」でしたが、そこから、「〝なくてはならぬ〟サービスをつくり、世の中の困りごとを解決する」に変更したのです。

10年前は「自分たちが、なくてはならぬサービスをつくりたい」と思っていました。

つまり「自分たちが」という思いが前面に出た表現になっていました。しかし活動していく中で、「人々の困りごとを解決したい」ということが社会に役立つための本質だと、ミッションへの捉え方が変わっていったのです。

通常、企業のミッションは頻繁に変更を加えるものではありません。しかし普遍的に目指すものなので、正確さを期してアップデートすることにしました。

akippa社のビジョン「リアルの〝あいたい〟を世界中でつなぐ」

ビジョンとは、「企業や組織が将来どのような状態を達成したいかを示す長期的な展望であり、将来の方向性を示すもの」です。

akippa社が実現したいのは、「誰でもリアルであいたい人に会える世界」です。好きなアーティストのライブ、家族やパートナーとのお出かけ、友人とのレジャー、一人旅、会社のイベントなど、自動車を走らせてワクワクする体験に出掛けたり、好きな人に会いに行ったりすることは、たとえどんなに時代が進み、技術が進化しても、価値あるものとして、残り続けていくと思います。

パンデミックによって、リアルな体験は不要不急と言われ、移動に制限がかかりました。しかしパンデミックが落ち着きを見せ、かつての「日常のリアル」がだんだん戻ってきたとき、「リアルって、やっぱりいいよね」と思った人は多いのではないでしょうか。

大切な人に会いに行くのは、一度きりの人生を生きていくのに「必要不可欠」なものだったのだと気づかされたと思います。

そんな体験をしながら、私たちはビジョンを次のように制定しました。

「リアルの〝あいたい〟を世界中でつなぐ」

つまりアキッパの駐車場サービスがあることで、行ける場所も増えて、会う頻度も上がる。そんな世界を目指します。

実はあるユーザーから、こんな話を聞いたのです。

やっと自動車免許を取れる年齢になって、おばあちゃんに会いに行けるようになった。ところが、いざ行ってみるとおばあちゃんの家のそばには駐車場がなくて、駐車違反の切符を切られてしまった。

結局、自動車では行けなくなってしまったので、おばあちゃんと会う頻度がなかなか上がらなかった。ところがある日、おばあちゃんの家の近くにアキッパの駐車場があることを発見して、アキッパを使うようになってから、おばあちゃんと会う回数が上がった、というエピソードでした。

おばあちゃんが生きられるのが、仮にあと30年だとしたら、1年に1回しか行けない場合はあと30回しか会えないけれど、アキッパがあれば、それが300回に増えるかもしれません。つまり私たちは「駐車場そのもの」の提供ではなく、「人と人が会う手助け」を提供しているのです。

ただし高齢化社会が進む中、駐車場を増やすだけでは、すべての人たちをつなぐ手助けはできません。

高齢化によって自動車免許を返納する人も増えています。最近、地方では路線バスが廃止されたり、地域には1社しかないタクシー会社が後継者不足で廃業したりして、唯一の楽しみだったショッピングモールに行くことすらもできなくなっている人たちがいます。

そういったことをいずれ解決すべく、アキッパとしては、まずはどこにでも駐車場がある状態を実現して、「駐車場に困らない世界」をつくります。

ただ、いずれは運転そのものができない人も増えてくるでしょう。

アキッパの「どこでも駐車場」には、まずEV（電気自動車）の充電器を設置し、最終的には自動運転のEVを設置してシェアしていきたいと考えています。

そうすれば多くの人が、行きたい場所へ移動することができるでしょう。

われわれはリアルが大好きだからこそ、移動にまつわる困りごとを解決して、誰もが好きな人に会いに行ける、好きなことを体験しに行ける世の中をつくっていきます。

そしてどんなにオンラインのコミュニケーションが普及しても、やはり「リアルで会うこと」をこの世に残し続けたいと思っています。

実は、メタ（旧・フェイスブック）の創業者であるマーク・ザッカーバーグ氏は私と同じ1984年生まれです。2021年10月に、会社名をフェイスブックからメタに変更し、今後はメタバース（仮想現実）に投資していくと表明しています。

メタバースの技術が進んで仮想現実の世界が充実すればするほど、移動して実際に会う機会は大幅に減ってしまうと、バーチャルの専門家は話しています。わざわざ出かけていかなくても、オンラインでつなげば相手が「目の前」に現れて、いずれは触覚や嗅覚すら再現できるかもしれません。

それはそれで便利で価値があることだと思います。たとえばお父さんが海外出張で地球の裏側にいるけど、オンラインでつなげばすぐ顔を見ることができるというのは素敵なことです。しかしやはりリアルで会うということは、非効率だけれどとても大切なことだと私は思います。

リアルで会うことを残すのはザッカーバーグ氏と同じ年に生まれた自分の使命だとまで思っています。

何より、私はリアルが大好きだから。

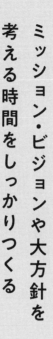

ミッション・ビジョンや大方針を考える時間をしっかりつくる

個人的に大事にしている習慣の話になりますが、私は毎週月曜日に「長期デー」という日を設けていて、他の予定を一切入れず、本を読んだり、ミッション・ビジョンや大方針について考えたりするようにしています。

会社全体の方向性や戦略を考えるうえでは、マクロの視点を持たなければいけないので、社会のことを知るために書店に入りびたって過ごしたり、芝生で本を読んだりしています。

私は昔から大方針を考えるのは好きでした。

たとえば、海外映画から影響を受けて実践することもあります。

そもそもアキッパのようなプラットフォームをつくりたいと思った理由の一つに、2011年に「ソーシャル・ネットワーク」というインターネットビジネスを題材にした映画を観た経験があります。主人公はマーク・ザッカーバーグ氏でした。

そのころ、私たちは営業代行事業をしていました。土日になると稼働が止まるので（営業のメンバーも土日は休まなくてはなりません）、その間の売上が立ちません。長期休暇になると特に売上が下がることに悩んでいました。

そんなときに「ソーシャル・ネットワーク」を観て、インターネットビジネスなら24時間365日サービスを提供できると再認識したのです。またtoCのビジネスなら人間が休んでいるときも稼げると思ったのです。

そこから自社サービスをつくりたいと考えるようになり、インターネット系の起業家のTwitter（現・X）アカウントをたくさんフォローするようになりました。

書籍も勉強になりますが、様々な媒体に触れてインプットを繰り返すことで自らをアップデートできるものです。

第5章

経営戦略

経営戦略とミッション・ビジョンの関係

ミッション・ビジョンを実現するために必要なのが、経営戦略です。

関係性でいうと、ミッション・ビジョンは経営戦略の上位にあります。

次ページの図ではミッションが三角形の頂点に来ていますが、会社によってはビジョンを上位概念に設定している場合もあります。

ミッション・ビジョンは、決めただけでは、ただの「スローガン」のようなものにすぎません。浸透させるためには、リーダーがミッション・ビジョンと一致する言動を続けるしかありません。

そして、いかにしてそれを実現するか、具体的な方法を示さなくてはいけません。

それが経営戦略です。つまり経営戦略とは、「企業のビジョン・ミッションを実現するための手段や方法を具体的に示すもの」だと言えます。

図3 経営戦略とミッション・ビジョン

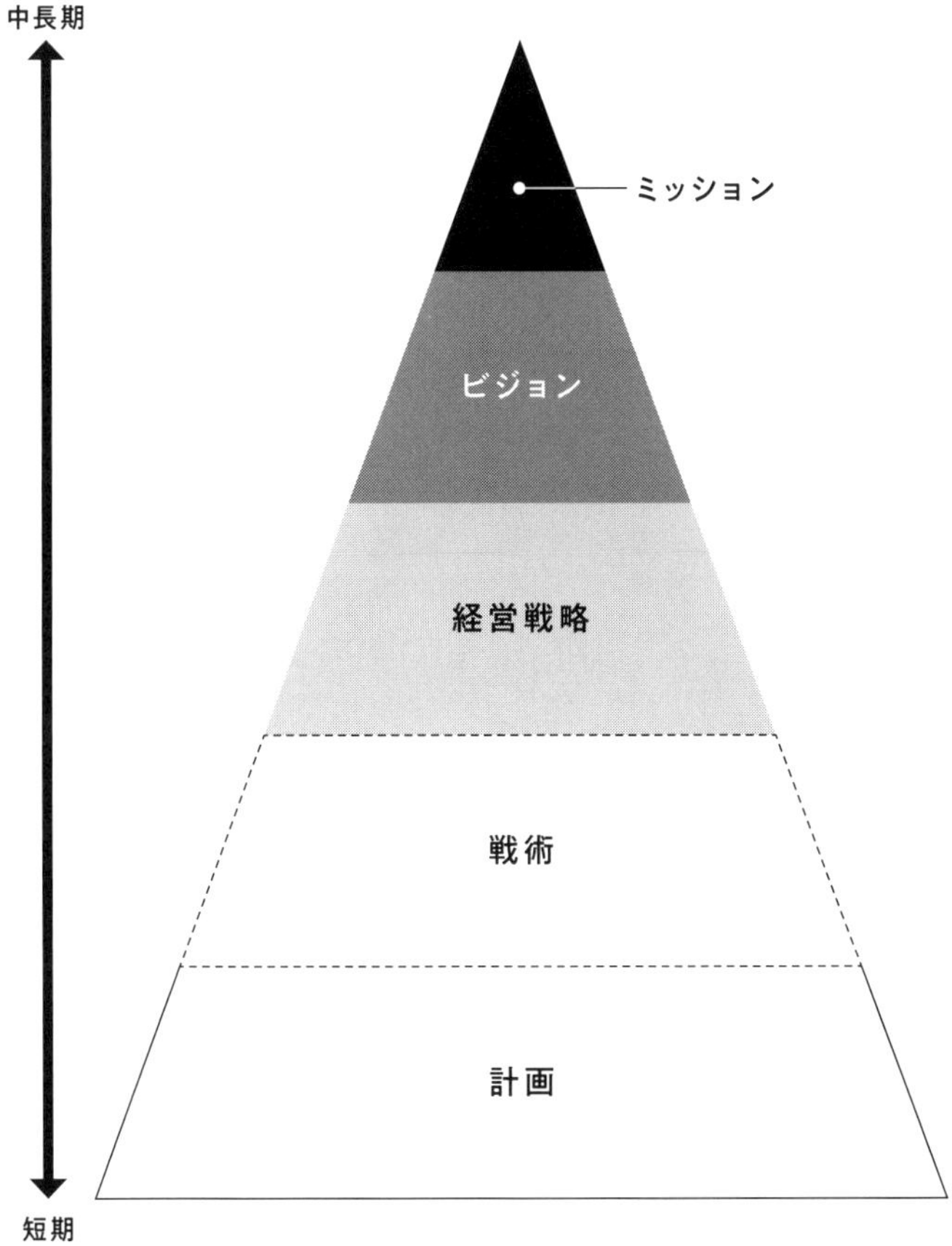

戦略策定に強い人材を採用する

２０２０年ごろまでのakippa社には、目標などは明確にありましたが、「戦略」と呼べるものはまだありませんでした。

ミッション・ビジョンを制定しても、戦略がなければ間が抜けている状態です。それが定義され社内に浸透していったのは、小林寛之《こばやしひろゆき》の入社以降だと思います。

副社長でＣＯＯの小林は、丸亀製麺などを運営する「トリドールホールディングス」のＣＦＯをしていました。２０２０年にakippa社に入社してもらい、２０２３年12月から弊社の取締役副社長ＣＯＯに就任し、戦略全般と事業を統括して見ています。

戦略は、取締役副社長ＣＯＯの小林寛之を中心に2〜3ヵ月かけてつくり、私はそれを都度確認しています。小林から、どのように戦略をつくっているのか話してもらいます。

小林寛之　取締役副社長ＣＯＯ

丸亀製麺からの移籍

　私が以前に勤めていたのは、丸亀製麺をはじめ、複数の飲食店事業を運営している「トリドールホールディングス」という会社です。

　２０１３年９月にトリドールホールディングスに経営企画室長として入社し、予算を策定したり、事業計画をつくったりしていました。

　トリドールホールディングスは上場していたので、投資家向けのＩＲなども担当しながら、最終的には常務取締役兼ＣＦＯとして、バックオフィス全般を監督していました。

　丸亀製麺が海外展開を始めた直後ぐらいに入社したので、経営企画室の業務として海外現地パートナーとの交渉なども行っていましたが、途中から「丸亀製麺だけではやはり成長のスピードがそこまで速くないので、もっと速めたい」という社長の当時のニーズがあり、結局、国内外で丸亀製麺ではない他のブランドをM&Aして、それを成長させていくということをしてきました。

最大のケースは、香港で約300億円の会社を買収しましたが、その会社は私が退社して2年後ぐらいに香港市場に600億円で上場しました。

akippa社との出会いは確か2015年ごろです。

丸亀製麺の店舗の駐車場問題がきっかけでした。

郊外にある丸亀製麺の店舗では、土日のご利用が非常に多く、駐車場が足りなくなっていました。しかし平日は駐車場に空きがあるので、追加で月極駐車場を借りてしまうと採算が合わなくなります。

この課題を解決できるような会社やサービスを探していて、たまたま知人から紹介を受けたのがakippa社でした。

店舗の課題を解決するために、アキッパの駐車場を法人として借りることにしました。

アキッパの駐車場は、主に従業員用の駐車場として使い、その分、店舗の駐車場を空けるようにしたのです。

後日、トリドールグループはakippa社に少額ですが出資した経緯もあります。そこからやや時間が経ち、優秀な人材を採用できて、彼らが次のトリドールホールディングスの成長を牽引できる将来像が何となく見えてきていました。

私はそういったタイミングで、次のチャレンジができる機会を探していました。そんなとき、金谷の講演を聞く機会があり、改めてakippa社のミッション・ビジョンの大きさに感心し、成長可能性を感じて、まったく知らない会社に移るよりは、昔から知っている金谷のakippa社に転職するのもいいのではないかと思ったというわけです。

飲食というリアルな産業からＩＴ企業に移って大きな違いを感じたのは、お客様がサービスを利用しているシーンが見えにくいということでした。

ＩＴサービスは特性上、オンライン上で取引がすべて完了してしまうので、ユーザーの利用シーンを直接目で見て確認するというのはハードルがあります。

飲食であれば、店舗に行けばお客様がどういう様子で商品を選んでいるのか、おいしそうなのか、まずそうなのか、サービスに満足していそうか、そうでないかが一瞬でわかります。

ですが、その一方で、ＩＴサービスはすべてがデータ化されているので、データのトラッキング（追跡）が非常に容易です。

そういう細かい違いについて、自分の中で感覚の調整が必要でした。

ただし、アキッパは完全にオンラインかというと、そうでもありません。駐車場の獲得のためには個人宅を訪問して、駐車場オーナーに価値を説明して契約を取ってくるような、泥臭いオフラインの駐車場開拓営業も必要です。

結局、アキッパは駐車場というリアルなスペースを扱っているので、いわばオンラインとオフラインのハイブリッドのビジネスモデルだと思います。

そういう意味ではこれまでのリアルのビジネスの経験とか知識、ノウハウのようなものは活かせているかもしれないと考えたのです。

「戦略」という言葉には、なんとなく高尚できらびやかなイメージがあると思うのですが、投資ファンドや前職のトリドールホールディングスでいろいろな会社を買収し、事業の立ち上げなどもやる中で、それほど華麗なものでもないとわかってきました。

戦略は、社内のいろいろな人から意見、課題などを聞いたり、ユーザーのニーズや課題などを聞いたりすることから始まります。

経営戦略について書かれた本を読むと、経営戦略というのは、すごく上のレイヤーの話に思えてしまいますが、実際の戦略は日々の業務の中にあります。

日々の業務の中の方向性が積み上がったものが経営戦略です。

さきほど、社内やユーザーの話を聞くところから戦略はスタートするとお伝えしました。私がakippa社に入社した当初は、とにかく社員の話をよく聞くようにしていました。まずは現場で何が起きているかを知るために、全社員と面談してヒアリングを実施しました。「この事業が成長するためには、何が課題だと思いますか」という問いを投げかけて、そこから変革のヒントをつかみに行く。

私自身もアキッパユーザーの1人なので、ユーザーの考えはある程度想像がつきますが、駐車場オーナー側についてはやはり聞かないとわからないところがあります。特に法人オーナーはそうです。

そこで駐車場開拓部門に頼んで法人オーナーのところへ同行させてもらったりもしました。加えて社内にあるデータから、インタビュー、ヒアリングの結果など、事実を細かく見ていきました。

変革を起こすために重要なのは、しっかりした定石をベースにして戦略を組み立てていくことです。ただし、どれだけ完璧な戦略を立てることができたとしても、結局は人が動いてくれないと変革は起きません。

理論的かつ合理的な戦略であることは必須ですが、最終的には所属する組織の仲間たちに心の底から納得してもらい、いかに巻き込むかのほうが、変革を起こすという意味ではより重要だと思います。

人の気持ちを動かすために大事なことは、私が思うに、自分が「その人の役に立つこと」ではないでしょうか。

細かくて面倒くさいことを率先してやる、何か頼まれたらすぐ着手する、そういう小さいことから信頼は積み重なっていきます。

その結果として、「この人の言うことであれば聞いてもいいかも」という関係の土台ができ、そのうえで戦略に落とし込むことで、動いてもらえるのです。

こんなふうに考えるようになったのも、頭でっかちの会計士だった若いときの手痛い失敗ゆえ。ロジックだけで人は動かないと気づいたのは40歳を超えてからです。

戦略なき成長は、羅針盤を失った航海に等しい

前置きが長くなりました。

本章ではakippa社の経営戦略・事業戦略についてお話ししていきます。

経営戦略・事業戦略がなくても、事業を成長させることは絶対に不可能というわけではありません。しかし、長期的に成功する可能性はどうしても低くなります。

私が入社する前のakippa社には、「今年はこれくらいの売上を目指そう」とか「シェア○○%を達成しよう」というような目標はあっても、その目標を達成するための戦略はない状態でした。

明確な戦略がない場合は、三つのネガティブな影響が考えられます。

まず一つ目。明確な戦略がないと、組織内の異なる部門やチーム間で、ミッション・ビ

ジョンに向けた一貫した方向性が欠如します。ミッション・ビジョンが組織の究極的な目標を明示するものだとすると、それを実現するための具体的な道筋が示されていない状態です。

戦略の役割は、このミッション・ビジョンと現実とのギャップを埋めて、現実の成果へと変換するための実行可能な計画を提供することです。

この計画が提供されることによって、組織というものは明確な目標に向けて具体的なステップを踏むことができるようになるのです。

アキッパでも部門間の共通の戦略目標がなかったために、過去に駐車場開拓営業部門、プロダクト部門、カスタマーサポート部門のあいだで利害対立が発生しました。この件についてはのちほど説明します。

二つ目に、戦略がないと、経営資源の非効率な使用のリスクが高まり、資金、時間、人材などの貴重な戦略資源が無駄になるおそれがあります。特にスタートアップは資源が限られているので、この問題はより深刻です。

アキッパは駐車場の貸し手と借り手をオンラインで引き合わせるオンライン・マーケットプレイスですが、このビジネスモデルの特性上、必ずぶちあたるコールドスタート問題（または「鶏・卵問題」とも呼びます）に直面しました。

この事態に直面してしまったのも、明確な戦略がなかったためです。

三つ目に、戦略がない場合、事業の進捗を測定して評価する具体的な手法が不足してしまいます。戦略目標が設定されていないと、その達成度を測る基準もないということですから、「事業が望ましい方向に進んでいるかどうか」を定量的に把握することが難しくなります。

特にテクノロジー業界のように、市場動向や競争環境が絶えず変化する環境では、アジャイル開発（クイックに試行錯誤しながらプロダクトをつくっていく手法）が不可欠であり、中長期的な戦略と両立させることが重要です。

開発手法には、大きく分けて2種類あります。

アジャイル開発とは、迅速かつ適用的にソフトウェア開発を図る開発手法です。典型的なアジャイルソフトウェア開発では、チーム主導で「設計」「実装」後は「デプロイ」と呼んでいますが、開発した機能を世の中に出すことを短期的に繰り返し、ユーザーにとりあえずぶつけてみて、そこから得た価値をもう1回学習して適用する、すなわちトライアル・アンド・エラーのやり方です。

一方、ソフトウェア開発における古典的な開発モデルで「ウォーターフォール開発」というものもあります。ウォーターフォールとは「滝」という意味で、階段状の滝のように「要求定義」「設計」「開発」「テスト」「運用」と工程をしっかり分解して、その工程の手戻りを最小限にしながら、工程の進捗管理をしつつ開発するというモデルです。

話を戻します。もちろん計画変更の可能性はあるので、それを理解しつつ、発見と学習のフィードバックをしっかり取り入れて、継続的に短期のPDCAを繰り返し回すことが、長期的な成長の重要な機会を逃がさないための鍵となります。

短期の業績目標というのは、たとえて言うと「重力が強いブラックホール」のようなもので、すべてを飲み込んでしまいます。

本来はミッション・ビジョンを達成することが目的で、業績目標はその進捗を測る手法ですが、気がつかないうちに目的と手段が入れ替わって、「業績目標そのものを達成すること」が目的になってしまう場合がとても多いのです。

そうなってしまうと、業績目標ありきの営業施策や機能開発が行われて、それが典型的な失敗の要因となります。akippa社でも過去に短期の業績目標が優先されて、事業が望ましい方向に進まず、本来は避けられたはずの失敗や不必要な遠回りをしたことがありました。

一方で、単に計画をつくればいいかというと、そうではありません。予測計画を重視すぎると事業の柔軟性が失われて、長期的な成長の機会を逃してしまいます。

たとえば20年前に、動画共有アプリやフリマアプリが社会にこれほど浸透することを正確に予想するのは難しかったように、とりあえず市場に投入したり、ユーザーに提供したりして初めてわかることは多いものです。

アキッパも立ち上げ当初は、ユーザーのインサイトに基づいた仮説・検証のサイクルが回せていました。ところが資金調達をしてステークホルダーが増えたりすると、当初の計画通りに進めることが重視されるようになります。

そのため目の前で起きている事象に対して、その都度柔軟に対応していくことが、だんだん難しくなっていきました。

アキッパを成長させる「教科書」を自分でつくる

『孫子』には次の有名な一節があります。

――「凡《およ》そ戦いは、正を以《もっ》て合い、奇を以《もっ》て勝つ」

つまり戦略の基本は正攻法で、応用で奇策を組み合わせることで将来につながるという意味です。ビジネスにおける戦略もまったく同じだと思います。

まずは過去の成功事例や業界のベストプラクティス、効果的な戦略のフレームワークなどの定石を確立することが重要だと、経験則からも考えます。

「マーケットプレイスを立ち上げて成長するための教科書」みたいなものをしっかり理解して学ぶのが基礎の一つだと思います。

基礎が不安定な状態で応用の施策を進めると、結果的にリスクが増大して持続的な成長の機会が損なわれる可能性があります。「基礎＝定石」と言い換えてもいいかと思います。

「マーケットプレイスを立ち上げて成長するための教科書」をベースにした基本的な戦略ができ上がり、それが全社に落とし込まれて、その戦略に基づいて組織全体が動き始めたとき、「基礎が固まった」と判断するのがよいでしょう。

アメリカでスタートアップを育成するY combinatorというシードアクセラレーター（起業家や創業直後の企業に対し、事業を成長させるための支援を行う組織）のプログラムから生まれたトップ10の企業のビジネスモデルは、およそ次の九つのどれかに当てはまります。

1 SaaS（Software as a Service）
クラウドベースのサブスクリプション・ソフトウェア
例：Zoom、Slack、SmartHR

2 トランザクショナル
取引を仲介して手数料を取る
例：ストライプ、スクエア、PAY.JP

3 マーケットプレイス
買い手と売り手の間の取引を促進
例：Airbnb、Uber、メルカリ

4 サブスクリプション
定期的に商品やサービスを販売
例：Netflix、Spotify

5 エンタプライズ
大手企業に大規模な固定期間の契約を販売
例：SAP、IBM

6 従量課金
利用した量に基づいて課金する
例：AWS、Twilio

7 Eコマース
オンラインで商品を販売
例：アマゾン、ザッポス、楽天

8 広告
広告を販売して無料ユーザーを収益化
フェイスブック、X（旧・Twitter）

9 ハードテック

長期的な技術的リスクと時間を要する難しいビジネス

Space X、Tesla、ファイザー

ここでお伝えしたいのは、Y combinator出身のトップ10の企業のうち5社がakippa社と同じマーケットプレイスの会社だということです。

マーケットプレイスのビジネスモデルは「勝者総取り」、つまりナンバーワンの人たちがその市場をすべて取ってしまうということが起きやすい性質があるということもわかりました。

こう聞くと魅力的なビジネスモデルのようですが、立ち上げが難しいとされています。

マーケットプレイスは、時代とともに次のように変化してきました。

まず1990年代の「リスティング時代」です。このころ「Craigslist（クレイグリスト）」というう、いろいろなカテゴリーに分かれた掲示板のようなサービスが登場しました。「デジタル版イエローページ」とも呼ばれ、ユーザーが様々なサービスを検索できるプラットフォームでしたが、管理不十分で機能も限られていました。

次の2000年代は「Craigslistアンバンドル時代」です。アンバンドルとは「切り離す」

「ばらす」という意味で、Craigslistがいろいろな機能、いろいろなテーマに分割されていきました。

特定のサービスにしぼって使いやすい機能を提供する企業が現れて、「Angie's List（アンジーズリスト）」や「Care.com（ケアドットコム）」のようなプラットフォームが、より構造化された情報と優れたユーザー体験を提供するようになります。

そして2009年から2015年は、モバイル技術とインターネットの普及に牽引されて、「○○版Uber時代」に入ります。サンフランシスコではドライバーと乗客のマッチングサービスである「Uber」や「Lyft」などが登場し、リアルタイムでサービスの提供とマッチングが可能になりました。

これらのプラットフォームは、ユーザーがスマートフォンを使用して簡単にサービスを予約し、利用することを可能にしました。また、売り手と買い手のマッチングを改善して、効率的なサービス提供モデルを実現しています。

これにより従来のサービス提供方法とは異なる新たな市場が生まれて、消費者の期待値も変化しました。

私たちは戦略の定石として、まずはマーケットプレイスの成功事例を国内の事例から学ぼうとしました。国内にも「メルカリ」や「ＢＡＳＥ」などマーケットプレイスの成功事例があったからです。

ですが、マーケットプレイスを立ち上げて成長するための体系化された情報は発見できませんでした。そこで私が目を向けたのがアメリカです。

アメリカは数々の優れたビジネスモデルが誕生した国で、もはや私たちにとってお馴染みの飲食店のチェーンストアや、エンターテインメント・リゾート、スポーツビジネスなど、アメリカから日本に持ち込まれたビジネスモデルは無数にあります。

現在もアメリカ企業のほうが、日本企業よりもビジネスモデル上の優位性を築いている分野がたくさんあります。テクノロジー・スタートアップはその典型です。

ということは、「アメリカで起きたことは数年の時を経て日本でも起こるから、時代を先取りしてアメリカの真似をすればよさそうだ」と、いわゆるタイムマシン経営ができるのではないかと考えました。

アキッパがサービス開始されたのは２０１４年ですが、そのころアメリカではすでにUberが世界１００都市で利用可能になっていました。また、Airbnbのバリュエーション（企業評価価値）が１００億ドルに達したという状況でした。

アメリカにおけるマーケットプレイスは日本と比べると、おおよそ5年〜10年ぐらい進んでいました。アメリカにはすでに成功事例やノウハウが蓄積されていて、マーケットプレイスを立ち上げて成長させるための「教科書」と呼べるような体系化された情報が存在していたのです。

そのマーケットプレイスの「教科書」を最大限活用してみようと考えたのです。

当然、これらはすべて英語で書かれていますが、大学時代、香港に1年間留学したり、前職で海外事業を担当したりしていたため、英語には慣れていました。

ネットを探してみるとa16z（アンドリーセン・ホロウィッツ）やベンチマークキャピタルといったベンチャーキャピタルの担当者や、元Airbnb、元Uberのグロース責任者などがブログやニュースレターをはじめとして、様々な媒体でマーケットプレイスに関する情報を発信しているのが見つかりました。

それ以外にも、マーケットプレイスの創業者やリーダーのためのコミュニティ、コードを書かなくてもプログラミングができる、ノーコードのマーケットプレイス・ビルダーのソフトウェア（SaaS）もありました。

「教科書」といっても、マーケットプレイスに関して、ノウハウをまとめた書籍があったわけではありません。

これらをすべてアキッパの「教科書」にすると決めて、研究分析を進めていったのです。

それでは、マーケットプレイスの成長の様子を詳しくお伝えしていきましょう。

マーケットプレイスを立ち上げたばかりで、売り手も買い手もいない立ち上げ期に関しては、うまく「はずみ車」が回りません。

たとえばAirbnbでは、ホストがAirbnbのサイトに自宅を掲載していなければ、宿泊先を探すゲストはAirbnbを使う理由がありません。反対に、ゲストがアプリで宿泊先を探していなければ、ホストが自宅の写真を撮ったり説明文を書いたりする手間をかけて、Airbnbのサイトに掲載するインセンティブはありません。

まさに、これが前述したコールドスタート問題、いわゆる「鶏・卵問題」と呼ばれる、マーケットプレイスを立ち上げるときの最大の障壁です。

マーケットプレイスの立ち上げ期は、この問題を解決して、自律して成長できる最小限のネットワークをつくることが、戦略のメイン課題となります。

この最小限のネットワークがつくれたら次は成長期を迎えるのですが、成長期になるにつれて話はより複雑になります。マーケットプレイスのプロダクトをスケールさせるためには、ネットワークは一つだけでは十分ではなく、さらに多くのネットワークを立ち上げていく必要があるからです。

ところが、いくつもの最小限のネットワークを立ち上げていくと、ある時点からネットワーク効果が作動して、拡大のペースがどんどん加速しはじめます。

これを一般的に「ティッピング」と呼びます。

成長期においては、このティッピングに到達することが戦略目標になります。

プロダクトが拡大してネットワーク効果が作動し始めると、次のステージに移るにつれて段々楽になっていくのだろうと思うかもしれません。

しかし実態はそうではなく、次の成熟期においても、ネットワーク効果を強化して成長させるために、多くの施策が必要になってきます。

たとえば、もし同じ市場や同じカテゴリーに競合がいる場合は（多くの場合、います）、業界2位の2倍以上のユーザー規模にならなければいけないと言われています（シブステッド社の調査による）。[※1]

仮に2倍以上でなければ、まだ勝ちきれていない場所やカテゴリーを切り捨てるか、もしくは勝てるところによりフォーカスしていき、そこで圧倒的なナンバーワンになることを目指す。そこで圧倒的なナンバーワンになれたら横展開して、売上やシェアをより成長させていくという戦略が考えられます。

以上がマーケットプレイス戦略の概要です。

自分たちで調べ上げたアメリカ式のマーケットプレイスの「教科書」をベースに、アキッパ流のアレンジを加えて成長戦略を実行していきました。

私たちがこの戦略をつくったのは、まだアキッパが事業として黒字になる前で、「駐車場を増やすほうが先か、ユーザーを増やすほうが先か」について結論が出ていなかったころです。

さきほどの「教科書」によると、コールドスタート問題に関して、過去のアキッパの取り組みのすべてが的外れというわけではありませんでした。

アキッパでは、持ち前の営業力を生かして駐車場を集中的に展開するドミナント戦略を実施していましたが、これは立ち上げ期の施策としては非常に合理的な作戦だったことが確認できました。

なぜなら実際、Airbnbの創業者たちも初期にニューヨークに注目して、このようなドミナント戦略的な手法をとっていました（アキッパの場合は大阪でした）。売り手と買い手を素早くマッチングすることができる小さいマーケットで、商品やサービスの普及率が一気に跳ね上がる分岐点である「クリティカルマス」を素早く超えるためだったのでしょう。

これは私の経験則ですが、「いい戦略」は、これまで誰もが思いつくことがなかったような革新的なものであることは現実的には少ないものです。

そうではなく、すでに現場で実施されていたり、成果が出ていたりする施策を拾い上げて、事実に基づいて仮説を立てたうえで、事業においてどこに集中するのかの優先順位を決めたものに過ぎません。

「戦略」と聞くと、プレゼン資料に華麗にまとめられたようなものを想像されてしまうことも多いのですが、実際は非常に地味なものです。


ドミナント戦略を実施しながらも、アキッパでは駐車場を増やすことに注力すべきか、またはユーザーの利用促進に注力すべきか、またはその両方に同時に取り組んでいくべきか、という根強い議論が続いていました。

必要な議論ではありますが、この議論は部門間の利害対立を生みかねません。

駐車場開拓部門は、「自分たちは一生懸命頑張って駐車場の数を増やしている。それでも売上が伸びないのは、ユーザー獲得を担当しているマーケティング部門が悪いのではないか」という発想になってしまいます。

対して、マーケティング部門としては「ユーザーを集客するための施策は最大限やっている。それでも売上が伸びないのは、駐車場開拓部門がいい場所の駐車場を取ってこないからだ」というように、責任の擦《なす》りつけ合いが生まれる。

「服を仕入れてネットで売る」というようなシンプルなEコマースであれば、「服を買ってくれるお客様」のほうに注力すればいいだけなので、それほど問題になりません。

しかし、アキッパはビジネスモデル上、どちらにも「お客様」がいます。鶏が先か、卵が先か（駐車場を増やすのが先か、ユーザーを増やすのが先か）、結論を出すのが非常に難しかったのですが、アキッパとしてはどちらに集中するかを、きちんと言い切ることが大事でした。


ここでも自分たちで調べ上げた「教科書」に立ち返って調査をしてみると、成功しているマーケットプレイスの大半が、立ち上げ期は売り手の拡大（アキッパだと、駐車場の拡大）に力を注ぎ、その後の成長期であっても、かなりの割合で売り手に制約があるので売り手側に注力するということがわかりました。

その後、アキッパでもいくつかの売上カテゴリーで、「駐車場の台数が増えると売上も伸びる」という強い相関関係があることがデータによって判明しました。

そこで売り手側である駐車場の拡大に注力することを、最優先の戦略として定めました。

ここでまた私のTipsですが、社長はどんどん売上を伸ばしていきたいので、「あれもこれもやりたい」となってしまうことがよくあります。

理想は売り手も買い手も拡大することですが、実際はどちらか一方しか伸ばせないことが多いのです。特にスタートアップはリソースが限られているので、戦略において「何をするかを決める」よりは、「何をしないかを決める」ことのほうが実は難しかったりします。

駐車場の増加は、駐車場開拓代理店（私たちは「パートナー」と呼んでいます）によるエリアターゲティングの仕組みがうまく回っていたので、それを成長のレバーの中心に据えました。「教科書」によると、Airbnbやレストラン予約のOpenTableといったマーケットプレイスであっても、特に初期は売り手に直接営業することが重要な成長レバーであることがわかっていました。

一方で成長期になると、より拡張性の高い成長チャネルが見つかることが一般的なようですが、アキッパでは、現在でも駐車場開拓代理店のチャネルが成長のコアであり続けています。

会社には人間と同じようにクセがあります。会社によって、営業寄りなのか、技術寄りなのか、短期思考か長期思考か、規模を追うのか効率性を追うのか、はたまたリスクに対して積極的か消極的かなど、考え方や行動にその会社特有のクセがあるものです。

しかも、人間と同じように、会社のクセも簡単には変えられません。会社のクセに合わないような戦略を無理矢理に導入しようとしても、多くの場合失敗します。

akippa社は営業代行会社からスタートした、営業寄りのクセがやや強い会社なので、戦略も最初はそのクセに合わせる必要があったと考えています。

もし会社のクセと違う方向に進みたい場合は、時間をかけて少しずつ修正していくのが、現実的だと思います。

ユーザーの増やし方

アキッパは、売り手側である駐車場の増加に、まずはリソースを集中することにしましたが、買い手側の施策にまったく着手しなかったわけではありません。買い手側はユーザー(ドライバー)ですが、そちら側の基本的な成長の鍵は、過去も現在もSEO(検索エンジン最適化)が中心です。

テクノロジー・スタートアップで考えられる長期的な成長ドライバーは主に次の四つが挙

げられます。

1 セールス（人がサービスや物を売り込む）
2 ペイド広告（お金を払って広告を出す）
3 SEO対策（検索サイトの検索順位を上げる）
4 バイラル（口コミ）

ただしコンシューマー向けのスタートアップにとって、①のセールスは費用対効果が低いことが多いので、実際は残りの三つ、すなわち「ペイド広告」「SEO」「バイラル」が中心になります。

さらに興味深いことに、スタートアップの大半は、主にこれらの成長ドライバーのうち、一つだけを中心として成長していると言われます。

初期のスタートアップによくある落とし穴は、一度に多くの成長ドライバーに投資しようとして、どれもうまくいかないことなので、やはりどれかに集中すべきところです。

自社の最適な成長ドライバーを選ぶには、自社プロダクトの特性が成長ドライバーに適しているかどうかを見極める必要があります。

たとえば、アキッパのように何千ものページを生成する独自のデータを活用できるプロダクトは、SEOが最適です。

SEOが主要な成長ドライバーである可能性が高いケースとしては、ユーザーが多くの公開コンテンツを作成しているUGC（ユーザー・ジェネレーテッド・コンテンツ）で、何千ものページを生成するために使用できる独自のデータを持っている場合が考えられます。

アキッパのように、何万件もの駐車場をデータベースとして持っているようなケースがまさにそうです。

あるいは、競合他社がSEOで成功していれば、自社プロダクトでもSEOが最適になる可能性が高いです。

線形成長から非線形成長へ

このように、アメリカのマーケットプレイスの成長に学ぶことで、戦略の定石はできました。しかしこれで終わりではなく、むしろここからがアキッパの本当のスタートです。

2020年は、新型コロナウイルスのパンデミックによって大きく影響を受けた年でした。しかし金谷の話にもあったように、データドリブンで通勤需要を掘り起こすことができて、駐車場の台数は安定的に積み上がっていきました。

パンデミックが収まって駐車場の稼働が元に戻れば、再び安定した売上成長を継続できるという確信はありましたが、ミッション・ビジョンを実現するという長期的な成長の観点からすれば、課題を抱えていたのです。

アキッパには、目を見張るような急成長を描くためのプランが足りなかったのです。

さきほど出てきたY combinatorの創業者であるポール・グレアム氏も、「スタートアップは急成長するものとして設計されている会社であり、唯一必須事項は成長だ」と説いています。

スタートアップとは急成長するものとして設計されている会社です。新規に創業したこと自体でその会社がスタートアップになるわけではありません。必ずしもテクノロジーを扱ったり、ベンチャーファンドを使ったり、何らかの「イグジット」があったりする必要はありません。

唯一、必須事項は成長です。※2

別の言い方をすれば、「これまでの線形成長から、非線形成長を目指さねばならない」というのがアキッパの新たな課題でした。

線形成長というのは、「$y=2x$」のように比例するグラフのイメージです。斜めの直線で売上や利益が増えていく成長をいいます。

一方、非線形成長は非連続成長ともいい、「$y=2x^2$」のように、グイーンと急カーブを描いて成長していくようなイメージです。

これまでアキッパは線形成長でした。これは駐車場開拓代理店や社内の営業担当者の人員の増加に比例して、線形成長を描くビジネスモデルだということです。労働集約型の成長モデルと言ってもいいでしょう。

これは何を言っているかというと、要は営業が1人当たりどれくらい駐車場を取ってくるかで成長が決まってしまう、ということです。

この課題の解決にヒントをくれたのは、akippa社の社外取締役でもある原田明典さんでした。

話は2020年にさかのぼります。

当時から、すでに原田さんはアキッパの課題を認識していました。アキッパは労働集約によって線形成長を描いていて、このままでは飛躍的な成長は望めない。原田さんはアキッパを「メディア型」のみでなく「マーケットプレイス型」と両輪で成長するよう変貌させなければいけないと強く主張していました。

ただ、当時のakippa社は早期の事業黒字化が求められていたため、この課題に取り組む余裕がありませんでした。

会社としても力を割いていくために、当時、事業部外にあったBizDevチーム（メンバーは共同創業者の松井と、現在CPO＝最高プロダクト責任者の井上）が主導して、フィジビリティスタディ（実行可能性を検証すること）が進められ、2021年1月5日、年初のキックオフミーティングでも事業戦略の中で、「どこでも駐車場」を実現するマーケットプレイス型プロダクトのコンセプトが紹介されています。

オープンな取引の場の提供（プラットフォームモデル）の構想を発表し、「この方向に進んでいこう」という方向性を打ち出しましたが、このマーケットプレイス型のフィジビリティスタディはなかなか進捗しませんでした。

理由の一つはパンデミックの長期化です。BizDevチームは、マーケットプレイス型のフィジビリティスタディよりも、日常利用シフトの検証にリソースを割く必要が出てしまいました。

なかなか進捗しなかったもう一つの理由は、マーケットプレイス型プロダクトのフィジビリティスタディに、エンジニアがアサインされていなかったことです。

いまから考えると猛省すべきですが、当時はもともと少なかったエンジニアの退職が相次ぎ、社内にエンジニアが1人しかいませんでした。そのためフィジビリティスタディに参加してもらわなかったのですが、いま思えば料理人不在でレストランの新しいメニューを考えていたようなものです。

やはりプロダクト志向が足りていなかったと言わざるを得ません。

ところが2021年10月に大きく風向きが変化します。金谷が自身の「note」で「これからakippa社はプロダクトに力を入れていく、真のテックカンパニーになります」という方針を宣言したのです。

営業出身の私（注：金谷）の思想によりグロースばかりに優先度が上がり、プロダクトに注力できていなかった。これからはプロダクトにしっかり向き合っていくと決めました。

この宣言をきっかけに、戦略や組織をプロダクト中心に切り替えるためのスタートを切ることができたと思います。

会社には人間と同様にクセがあり、簡単には修正できないと前述しましたが、特にスタートアップでは「社長＝会社」と言っても過言ではありません。トップ自ら本気で変革を主導すると、簡単に修正できないクセも変えることができます。

ちなみに戦略上、プロダクトに向き合うことが重要なのは、過去の様々な企業の20以上のプロダクトの調査結果[※3]でも明らかです。

最も成長が変化するタイミング（変曲点）は、プロダクトによる成長が起点になっていました。成長の変曲点の多くは、特定のプロダクトの改善後に生じています。

次に多かったパターンは、プロダクトはまったく変わらないけれども、何らかの予期せぬ外部要因があったときに変曲点がもたらされるというもの。たとえば新型コロナウイルスが流行ったことで、リモートワークが増え、オンライン会議システムが伸びるなどはわかりやすい例でしょう。

そしてそれに次いで多かったのは、会社が主要な成長ドライバー（たとえばＳＥＯ）を発見することです。

したがって、われわれは最も成長の変曲点をもたらすポイントである「プロダクトの改善」に真剣に向き合う決心をしました。

とはいえ、そのころはエンジニアの退職が続いており、正社員のエンジニアが1人だけになっていました。退職が続く前でも、エンジニアの正社員は2〜3人で、社外の業務委託の方を入れても10人未満でした。

アキッパのビジネスモデルと売上でこの人数は少なすぎます。エンジニアの採用が急務でした。akippa社はしばらくエンジニアの採用をしていなかったので、採用市場におけるトレンドのキャッチアップや採用体制の再構築を行うことになりました。

ここも戦略の定石を大切にしたところです。

出資してくれたベンチャーキャピタルに人材獲得のノウハウをヒアリングしたり、エンジニア採用の専門家であるRPO（リクルートメント・プロセス・アウトソーシング：採用代行）の方々を紹介してもらったり、あとは他のスタートアップにおけるエンジニア採用の成功事例も「セミナー」「勉強会」「ポッドキャスト」などを通じて調査しました。

金谷から紹介してもらった、ディー・エヌ・エーのライブ配信アプリ「Pococha（ポコチャ）」の生みの親である水田大輔さんからもアドバイスをもらいました。

採用戦略として重視したのは、「採用のストックを積み上げる」ということです。

ここで言う「ストック」とは、会社が求職者に対して魅力を伝えて、長期的に価値を提供する資産のようなものです。

具体的には、採用ピッチブックや採用サイト、テックブログ、そして人事制度や働き方そのものも含まれます。

採用ピッチブックとは、会社紹介資料のことです。

スタートアップは「会社が求職者を選ぶ」のではなく、「選んでもらう」という意識で採用活動に向き合わなければなりませんので、会社から求職者に提案するというニュアンスでこう呼びます。

テックブログとは技術ブログとも呼ばれ、テクノロジー・スタートアップで働く主にエンジニアたちが、社内で日々行う技術的な活動や、開発の内容、そこでの苦労とか工夫などを「note」や「はてなブログ」などに書いて公開するものです。

求職者もそれを読んで、その会社がどんな技術を使ってどういうことをやっているかを知ってから、求職に応じるという風習がスタートアップ業界全体にあります。

このような「採用のストックを積み上げる」ことを会社として実践していました。

一方で、直接的な採用結果に結びつくけれども、一過性・短期的な活動で終わってしまうのがフローです。たとえば求人広告とか、継続できない技術の勉強会、あとは単発のカンファレンス・スポンサーなどが該当します。

akippa社はストックを大切にしていきました。なぜならエンジニアの採用環境は、需要が供給を大幅に上回っている状況だったからです。つまり世の中にエンジニアが圧倒的に足りていませんでした。

その状況でフローで勝負しても、すでにブランド力や資本力のあるメガベンチャーには勝てません。多少時間はかかるけれども、ストックをしっかり構築したうえで、ターゲティングした求職者にスカウトメールを送付し、akippa社のミッション・ビジョンへの共感や、組織文化のマッチ度がある程度高い状態で採用プロセスに入って、求職者の体験を向上することに注力しました。

並行して、人事制度も見直しました。求職者にとってはミッション・ビジョンに共感できることや、挑戦しがいのある仕事であることも大事ですが、最終的に入社を決意してもらうためには、入社後に自分のパフォーマンスがどのように評価されて、処遇に反映されるかが重要になります。

優秀な人ほど、会社から期待される役割と、それに自分が応えられるかどうかを気にするものです。パフォーマンスを評価できる仕組みや魅力的な報酬制度が整っていれば、入社してもらいやすくなります。これは私の経験上の成功事例です。

1年ぐらいかかりましたが、継続的にエンジニアを採用できる体制を整えることができました。

戦略の成功は実行力で決まる

これは私が心の底から思っていることですが、戦略がうまくいくかどうかは、計画が優れているか否かではなく、実行力に大きく左右されます。興味深いことに、よく練られた戦略の67％が、実行の不十分さによって失敗しているという報告があります。※4

これは戦略の策定と実行の間に存在するギャップから生じるのでしょう。

戦略の実行における問題の一つは、人と組織に起因するのではないかと私は考えます。

戦略策定と実行はお互いに依存する関係にあり、成功している企業の77%が、戦略実行を何らかの組織の中のメカニズムに変換して、それをチームの日々の業務に組み込んでいるという報告[※5]もあります。

具体的にどんなことをすべきかというと、まずはチームの誰もが戦略のすべての内容を覚えていることを期待しないで、あらゆる機会（たとえば全員参加の会議、毎月の定例会、進捗確認チャットなど）を利用してチームに繰り返し思い出させることが必要です。

次に、戦略を実行するうえでの重要な要素は集中です。要は「何をするか」よりも「何をやらないか」を決めることです。どこに集中するかを決めるのが一番の肝なので、すべての優先順位づけは戦略に基づいて行う必要があります。

そのため、戦略と組織のプロセスを整合させる必要があります。目標設定や業務の進捗管理、あとはリソースの割り当てなども、戦略に沿ったものにしなければなりません。

akippa社では、毎四半期にマネジメントチームで戦略の振り返りを行っています。これをQBR（クォータリー・ビジネス・レビュー）と呼んでいます。あとは年2回、社内の全員を集めて戦略の発表説明会も実施しています。加えて事業戦略に基づき、各機能（プロダクト、営業、マーケティングなど）の戦略がつくられ、さらにその戦略に基づいて各自の目標が設定されます。

ちなみにこのＱＢＲの目的は、まずは四半期の振り返りです。過去３ヵ月で何がうまくいったのか、何がうまくいかなかったのかをしっかり理解して、その学びを次の３ヵ月間の計画に生かしています。

具体的には、売上、プロダクト開発、駐車場開拓など、各ＫＰＩに対する達成状況を分析して、成功した取り組み、うまくいかなかった取り組みについてその原因を深掘りします。


続いて、会社のミッション・ビジョンと戦略が一致しているかどうかを確認します。

会社のミッション・ビジョンの実現に向けて、戦略とロードマップが合っているかどうかを確かめ、必要なら調整します。

具体的には、市場や環境の変化、技術の進化、競合の状況、自社の変化などに応じて戦略やロードマップを更新し、各部門がどのようにミッション・ビジョンの実現に貢献できるかを明確にします。

あとは経営チームの連携強化です。

各部門が同じ方向を向いているかを確認して、もしズレがあれば修正します。それを通じて全社がより効率的に動けるようにします。

具体的には、経営チームの全員が、会社の戦略に対する共通の理解を深めて、また各機能・各部門でコミュニケーションをスムーズにするための方法を探ります。

ただミッション・ビジョンの実現を考えると、まだ十分に戦略を実行できる組織になっているわけではないので、ここに関しては、他のスタートアップでCHRO（最高人事責任者）を経験したHRのプロ人材である平賀晶雄《ひらがあきお》を採用しました。

いまは彼を中心に、戦える組織となるように変革を起こしていこうと考えています。

戦略の実行力を左右するもう一つの要因は「モメンタム」です。

モメンタムは「勢い」とか「熱量」を意味します。

ChatGPTを開発したOpenAIのサム・アルトマン氏が、「スタートアップはモメンタムによって生き延びる」と言っていますが、さきほども申し上げたY combinatorの育成プログラムでは、毎週10%ずつ成長することが求められるそうです。

そのためにはサイクルタイム（検証期間）を短くして、小さな勝利を重ねていくことが重要です。サイクルタイムを短くすることでユーザーのフィードバックを生かすこともできますし、小さな勝利を続けることが会社のモメンタムにつながります。

会社のモメンタムを維持することは従業員を惹きつけたり、または従業員の鼓舞にもつながったりして、しかも結果として指数関数的な非線形の成長にもつながっていくということが言われています。

これはまさにテクノロジー・スタートアップ的な思考と行動様式です。

たとえば自動車を1台つくることを考えると、工場を建てて、鉄鋼を仕入れて、エンジンを設計して……と長い時間がかかります。

しかしソフトウェアはプログラムさえできれば一旦はサービス提供が可能なので、それをユーザーにぶつけて、フィードバックをもとに素早く修正することでサイクルタイムが短くなります。

それによって小さな勝利を繰り返していけば、モメンタムを比較的簡単に維持していくことができます。

営業会社の文化が強かったakippa社は、過度な予測計画主義に陥って、確実な売上につながることを重視しすぎていました。

これでは短期的に業績をつくることはできますが、やはりリスク回避的な側面もあるので、長期的な視点で考えると、その分リターンも低くなります。そのまま経営を続けていると、売上成長が鈍化して、会社のモメンタムが失われる恐れもあります。

この状況を打開するためには、サイクルタイムを短くして、小さな勝利を重ねていくことが必要です。

具体的には、起きている現象を分析して、理解できた部分だけを戦略に落とし込み、それ以外は詳細に計画しない。必要なリソースもその都度柔軟に投下する。

場当たり的ですが、こういったことが勢いにつながっていくように考えています。

「モメンタムをつくる」ということも、まだ十分にはできていません。

2023年12月から組織体制も変更して、かつては金谷に集中していた権限も、副社長である私や、他の執行役員たちに委譲されました。

今後は、現場を中心にして発見と学習を高速に繰り返して検証することで、小さな勝利を重ねていきたいと思います。それは、創業期の熱狂とは違った種類のものではありますが、現在のakippa社のフェーズに適したモメンタム、勢い、熱狂につながると信じています。

当面はメディア型と呼んでいるプロダクトと、マーケットプレイス型のプロダクトの両輪で、駐車場拠点数において国内で圧倒的ナンバーワンを目指したいと考えています。

そのうえでグローバルな駐車場マーケットプレイスや、駐車場マーケットプレイス周辺事業への展開も模索していきたいと考えています。

第6章

事業計画

金谷元気 代表取締役社長CEO

戦略に基づいた事業計画

戦略・戦術をつくったあとは、事業計画をつくります。前述のように弊社の場合、かつてはミッション・ビジョンはあったものの、戦略がなく、事業計画だけをつくっていました。ミッション・ビジョンと事業計画だけでは、やはり間が抜けています。

その間には必ず戦略が必要だと痛感しました。

また戦略に基づき事業計画を策定することで、計画の精度は大きく向上しました。それまでは計画に対する未達も起きやすかったのですが、予実(予算と実績)をしっかり合わせられるようにもなりました。事業計画についても引き続き小林に説明してもらいます。

小林寛之
取締役副社長COO

事業計画は因数分解から始まる

事業計画といっても、会社によっていろいろな定義が存在していて、それぞれ微妙に異なります。本書ではいったん、今後数年間（3～5年間）の売上や利益、またキャッシュフローの経営成績を示す数値計画と定義したいと思います。

では事業計画をつくるときは、何から始めればいいのでしょうか。

結論からお伝えすると、まずは売上やコストを因数分解していくことからスタートします。なぜ売上やコストを分解するかというと、純粋にそのほうが計画を立てやすいからです。

何の根拠もなく「来年の売上を予測しろ」と言われてもなかなか難しいものですが、売上を「販売数量」と「単価」で因数分解してみると、予測がつきやすくなってきます。

たとえば、これから営業担当者を増やす予定なら、「販売数量」は今年より20％アップ、「単価」は競合との価格競争があるので、いまの水準をできるだけ維持する、というように、計画の前提条件を合理的に考えやすくなります。

他のメリットもあります。

因数分解することで、成長ドライバーを発見しやすくなるのです。

さきほどの例で言うと、「単価」は消費者や競合など外部環境で決まってしまうので、自社によるコントロールの余地が少なそうです。一方、「販売数量」はどうでしょうか。こちらはコントロールの余地がありそうです。

そこで、販売数量をさらに卸、直営店、オンライン……というように販売チャネル別に分けていきます。すると、たとえばオンラインでの販売が急速に伸びていて、そこが自社の成長ドライバーだということがわかったりします。

ということは卸の営業担当者ではなく、デジタルマーケティングの担当者を採用したほうがいいという判断が下せます。

このように、因数分解から取り組んでみることで、経営の意思決定につながる可能性があります。

最後に、因数分解すると、定期的な計画と実績の差異分析がしやすくなります。

もし売上を因数分解せずに計画をつくってしまうと、計画と実績で1000万円の差があった場合、どこに差異の要因があるかわかりません。

しかし売上を「販売数量」と「単価」でそれぞれ計画を立てておけば、実績を比較した場合に、「単価は計画を下回ったけれども、販売数量が上回った結果、売上の計画と実績で1000万円の差異が生じた」ということがわかるようになります。


ただ、注意したいのは売上コストの分解は限度がなく、いくらでも細かく因数分解できることです。分解しすぎには注意しておきましょう。なぜなら事業計画はつくって終わりではなく、振り返りや見直しが必要になるからです。

あまりにもつくり込みすぎると、メンテナンスが追いつかなくなってしまいます。また、項目が多すぎると何が重要な成長ドライバーか、よくわからなくなってしまいます。目安ですが、経営としてトラッキング（追跡）すべき指標は、多くても三〜五つで十分です。

それ以上あると、どうしてもトラッキングや分析が難しくなります。

経営の意思決定を鈍らせることになりかねません。

当社では、次ページの図のように売上やコストを因数分解して、それぞれに前提条件を設定して、事業計画を策定しています。

もちろんレイヤーにもよりますが、経営レベルでは主に駐車場売上や平均有効掲載台数という駐車場のアクティブ台数、そしてサービスを利用してくれたユーザーの数、さらに売上粗利率などを、成長ドライバーとして定期的にチェックしています。

駐車場事業にとってというよりは、Airbnbなどマッチングサービスの指標として重要なものを挙げています（Airbnbはユーザーの予約泊数を見ているそうです）。

アキッパの駐車場側から見たGMV（Gross Merchandise Value：総取引量）は、すべての駐車場台数×単価、駐車場の売上とサービス料です。

一方でユーザー側で見るGMVは、ユーザー1人当たりの取引額×取引量です。

図4 アキッパの因数分解

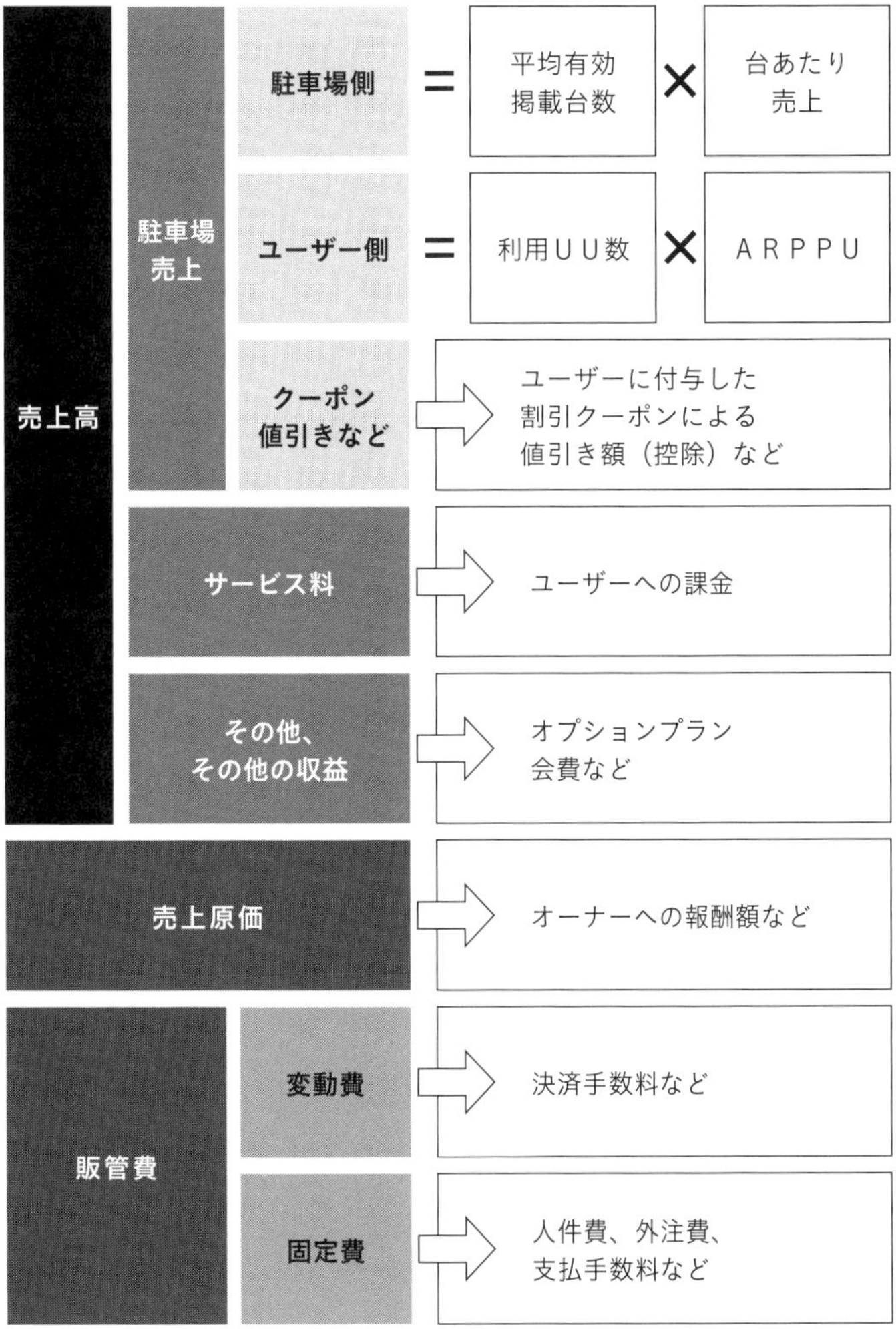

事業計画はトップダウンとボトムアップでつくる

規模が小さいスタートアップの事業計画は、トップダウンとボトムアップ、両方でつくったほうがいいと思っています。

トップダウンというのは、事業計画であれば社長が「この数字とこの利益でやろう」と決めることで、ボトムアップとは、現場から積み上げていって計画をつくることです。

本当にごく初期のスタートアップであれば、社長のトップダウンでつくればいいのですが、従業員が数十人を超え、複数部門の組織になった段階で、事業計画はトップダウンとボトムアップの両方のアプローチをバランスして作成するのがおすすめです。

両方のアプローチをバランスさせることで、事業計画の実現可能性が向上すると思います。この場合、トップダウンアプローチは、経営陣が高い目標を設定し、ボトムアップでは各チームがその目標を実現するための具体的な計画を立てます。

最後に両者をすり合わせる過程で、経営者の挑戦的な目標と現場の実状を融合させた、現実的で実行可能な計画が作成されていくのです。

もしもトップダウンだけで事業計画を策定すると、仮に達成が難しくなった場合に、「これは社長が勝手に決めた高い事業計画だから、達成できなくても仕方ない」という言い訳が生まれやすいのです。

そのような事態を防ぐのがボトムアップです。ボトムアップはチームに計画への関与を促します。「自分たちでやれると言ったんだから、もう少し頑張らなきゃ」という雰囲気を醸成できるのです。計画に対する理解とコミットメントが高まって、組織全体の一体感が向上します。

また、ボトムアップアプローチは、チームの責任者の成長を促すことができます。

チームの責任者が自分たちの部門の予算計画を考えることで、財務計画立案、戦略的思考、分析能力などのビジネススキルを実践的に学ぶ機会が得られますから、貴重な成長機会になります。

また経営陣に対して、「私たちはこういう施策で、こういう予算を持って、今年の目標を達成します」という説明責任を果たす中で、リーダーシップも養われるので、将来の経営幹部を育成するための重要なステップにもなるでしょう。

ただ、デメリットとしては、トップダウンとボトムアップのすり合わせに時間と手間がかかるので、事業計画の策定スケジュールを事前にしっかり組んだうえで、遅れがないように進捗管理していく必要があります。

akippa社でも、事業計画の策定をしていたらスケジュールが遅れて、次の年に間に合わなくなりそうなこともありました。

逆に言えば、本当に始めたばかりの初期のスタートアップでは、こういう手間をかけるよりは、社長が直感で、「この数字を目指そう」と決定するのもよいと思います。

いままでは金谷が目標と実情の差を調整していましたが、現在は事業責任者がそれを行うようになっています（次ページ図）。

図5 事業戦略&計画の変更

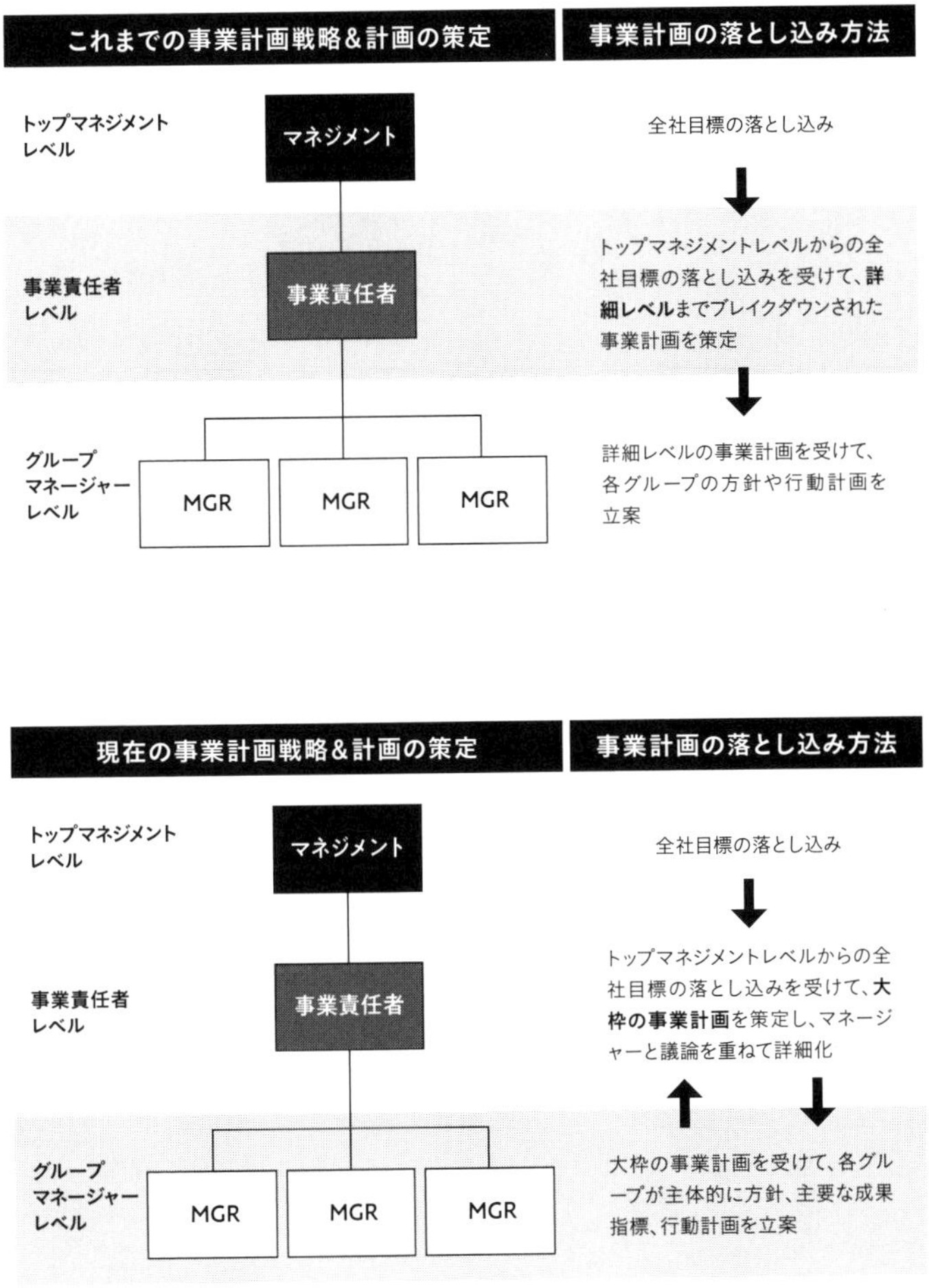
これまでの事業計画戦略&計画の策定
事業計画の落とし込み方法
トップマネジメントレベル
マネジメント
全社目標の落とし込み
事業責任者レベル
事業責任者
トップマネジメントレベルからの全社目標の落とし込みを受けて、**詳細レベル**までブレイクダウンされた事業計画を策定
グループマネージャーレベル
MGR
MGR
MGR
詳細レベルの事業計画を受けて、各グループの方針や行動計画を立案
現在の事業計画戦略&計画の策定
事業計画の落とし込み方法
トップマネジメントレベル
マネジメント
全社目標の落とし込み
事業責任者レベル
事業責任者
トップマネジメントレベルからの全社目標の落とし込みを受けて、**大枠の事業計画**を策定し、マネージャーと議論を重ねて詳細化
グループマネージャーレベル
MGR
MGR
MGR
大枠の事業計画を受けて、各グループが主体的に方針、主要な成果指標、行動計画を立案

akippa社における事業計画の策定スケジュール

弊社の会計年度は1月1日から12月31日までで、事業計画の策定スケジュールは2023年は次のように進めました。

9月中旬～下旬ぐらいから事業計画の策定が始まります。まず大枠のアウトラインとなる売上・利益の目標値を、経営企画室長が外部環境や市場動向を勘案し、管掌役員や部門予算責任者へのヒアリングも経て、立案します。

次に、10月初旬に経営会議で審議してアウトラインの合意を金谷から得ます。

10月中旬に、アウトラインの大枠の目標を、部門予算責任者である部門長やマネージャーに展開します。そこから10月下旬にかけて、部門長やマネージャーが売上利益目標を達成するための施策や、部門別の予算を立案してCOOである私へ提出します。

さらに11月上旬～中旬にかけて、売上・利益のトップダウンの目標とボトムアップの計画のギャップをすり合わせるミーティングを何回か行います。

そして11月中旬〜下旬で、すり合わせた結果を再度統合したうえで、12月初旬の経営会議で審議し、金谷から承認を取り、12月中旬の取締役会で最終承認されるという流れです。

補足で、トップダウンとボトムアップの両方で決めるスタイルに移行するタイミングについて触れておきます。

これは私の感覚ですが、資金調達のシリーズで言えば、感覚的にはミドル期のシリーズBや、上場が見えてきたシリーズC以降が適切なタイミングだと思います。

上場準備を始める中で、こういった体制に移行していくのが一番スムーズでしょう。

それまでは、数字を追うよりは、プロダクトとサービスを磨き込んでユーザーに満足してもらうことを追求していったほうが、結果的に売上も伸びてくると考えます。

事業戦略を事業計画に落とし込む

たまに事業戦略をつくらずに、数年間の数値計画しかつくらない会社がありますが、この方法はあまりおすすめできません。

ドキュメントにしていないだけで、きちんと事業戦略があるのであれば問題ないのですが、やはり戦略と計画をうまく整合させるのが、戦略の目標を達成するためには重要です。

まず事業戦略を具体的な事業計画に変換することで、最適なリソース配分を実施することができます。

戦略目標の達成に必要な経営資源を特定して、それを効率的に割り当てていきます。経営資源には、人材・資金・技術などが含まれますが、特にスタートアップはリソースが限られるので、各部門やプロジェクトへの適切な資源配分が、組織の全体的な戦略目標の達成に直結すると言えます。

各部門の調整で苦労するのはまさにこのあたりです。

今年はよりプロダクトに力を入れる、というような戦略であれば、「今年はプロダクトのほうに多めに予算を取って、駐車場開拓は予算を若干絞っていこうか」と、このように予算に反映させます。

ただし、「『その戦略そのもの』の善し悪し」を直接的に測定するのは難しいものです。そこで定期的な計画と実績の比較が、戦略の実行が計画通り進んでいるか、または修正が必要なのかを判断する基準となります。

事業計画はさきほど申し上げた通り、分解してつくるので、その分解していった各指標が目標を達成しているのか、いないのかに応じて、戦略を調整していきます。

戦略と数値結果が切り離されていると、指標がまったくの未達となったとしても、戦略にフィードバックされなくなってしまいます。

そして、事業戦略を事業計画に落とし込むことは、ステークホルダー（スタートアップで言えば、多くは株主だったりします）に説明責任を果たすためにも不可欠です。

事業計画はステークホルダーへのコミットメントであり、そのコミットメントを果たすことで、リソース（資金など）が集まります。

数値に裏づけられていない戦略や、戦略・施策を反映していない数値計画をいくらステークホルダーに説明したところで説得力はないでしょう。

「今年は全部で30億円調達したいので、御社は5億円出資してください」と言ったところで、その5億円をどう使って、何をやるのかがわからないと、投資家の理解や支持を得ることが難しくなります。

そうすると、会社のミッション・ビジョンの実現は難しくなってしまいます。

弊社では、ベースとしての売上成長を確保しながら、駐車場の新たな成長軸とユーザー側の勝ち筋の発見により、メディア型のグロースをつくっていくという戦略のもと、中長期計画を策定し、それを年次の具体的な事業計画に落とし込んでいます。

さらに、ＫＧＩ（Key Goal Indicator：重要目標達成指標）という最も重要な達成すべき指標には、売上高、営業利益目標を掲げています。

これらを達成するために、各グループでＫＳＦ（Key Success Factor：重要成功要因）であったり、ＫＰＩ（Key Performance Indicator：重要業績評価指標）を定めて、その進捗を追っています。

akippa社に関して言えば事業計画は比較的シンプルで、つくりやすいと思います。なぜなら、複数の事業を並行して行っているわけではない、単一ビジネスであるためです。

1社で複数のビジネスモデルがあると、なかなか事業計画書はつくりづらくなります。

アキッパは究極的には「1回当たり○○円×何回使ってくれたか」という売上と、それに対してわれわれの取り分はほぼその50％というように、因数分解していったときにきれいな数式になります。

これが、たとえば建築業界のように「こちらは数量×単価だけれど、こちらはプロジェクトベースの受注見込みで、○%進捗しているから、売上はこれぐらい」というように見積もりの作業が入ると複雑さが増してきます。

現状では複数のビジネスを行っていないことに加え、アキッパのビジネスモデル自体もシンプルなので、事業計画の策定はそれほど難しくはないと考えています。

事業計画は「つくって終わり」ではない

事業計画を作成するのは、毎期の経営プロセスのスタート地点に過ぎません。経営の戦略目標の達成を効果的に進めるには、事業計画を継続的に管理して調整する必要があります。事業計画は策定するときではなく、むしろその後のプロセスでその最大の価値を発揮するといっても過言ではありません。

戦略目標を達成するためには、事業計画の定期的な計画と実績の分析が欠かせません。この分析を通じて、計画がどの程度達成可能かを評価して、必要に応じて戦略を調整します。たとえば想定外の市場動向や競合の動向によって、計画の達成が困難になる可能性があると判断した場合は、戦略の変更が必要になるかもしれません。このプロセスは組織が素早く環境変化に対応して、持続可能な成長を遂げるために不可欠です（たとえば、アキッパの場合は新型コロナウイルスの流行による環境変化がありました）。

一方で、戦略ではなく事業計画そのものを見直すこともあります。

市場環境は常に変化しています。新しい技術の登場や消費者の嗜好の変化、経済的、政治的な理由など、多くの外部要因が事業計画に影響を与えるので、計画を定期的に見直して、これらの変化に対応する必要もあります。

もちろん計画を下方修正することもあれば、逆に上方修正することもあります。市場環境が予想より好転しているのに、計画を見直さないと、目標としての機能が果たせなくなるからです。

最後に、事業計画の達成水準は、従業員のインセンティブ計算において重要な基準になることがよくあります。つまり事業計画の目標達成が従業員の報酬やボーナスに直結していると、個々の従業員は自身の業績が組織全体の成果に影響を与えるという意識を持つことになります。

また事業計画の達成をインセンティブに結びつけることで、計画の重要性が強調されて、組織全体の目標に対する関心とコミットメントが増します。組織全体としても、戦略目標の達成に向けた一体感と協力体制が醸成できます。

akippa社における従業員のボーナスと会社の業績を完全に連動させる決算賞与制は、2022年に私が提案しました。結局、頑張っても頑張らなくても、報酬が変わらないということではやる気が起きません。

もちろん従業員にはストックオプション（自社株購入権）を発行していましたが、ストックオプションというのは長期的に得られるインセンティブなので、「いま、頑張れば短期間で報酬としてもらえるもの」があってもいいと思ったのです。

さきほど述べた、ボトムアップとトップダウンでアプローチを導入したので、それに対して現場のメンバーに、さらにコミットを高めてもらうという理由もありました。

さて、事業計画をつくる目的は三つありました。

一つ目は、定期的に見直すことによって戦略を調整するためです。

二つ目は、数値計画そのものの目的を達成するためです。外部環境などに合わせて、かなり厳しいものであれば下げざるを得ませんし、目標として低すぎるのであれば上げる必要があります。

三つ目が、従業員のインセンティブに影響するためです。akippa社でも、毎週全マネージャーが参加する会議で日次の売上と予算達成状況を追い、予算未達の可能性があれば、対策の立案・実行を検討します。

月次では、取締役会で計画と実績の差異を報告して、戦略の調整が必要かどうかを議論します。そのときに売上の因数分解、つまりアクティブの駐車場掲載台数・駐車場1台当たりの売上高・利用ユニークユーザー数・ARPU（Average Revenue Per Paid User：有料ユーザー1人あたりの平均収益）などについて、計画と実績の差異を分析して、どこに課題があるかを探っています。

コストに関しても、変動費と固定費に分解して、固定費は部門別に計画と実績の差異を分析しています。


すでに述べたように、QBR（クォータリー・ビジネス・レビュー）という四半期に1回の振り返りの会議を開催していて、事業計画の進捗状況を詳細にレビューし、過去3ヵ月で何がうまくいったのか、何がうまくいかなかったのかをしっかり理解して、その学びを次の3ヵ月に活かしています。

予算修正を行う場合の判断は、社内の予算管理規程に従い、売上高で10％以上、営業利益・経常利益・当期純利益のどれかひとつでも30％以上変動する見込みとなった場合、または情勢の変化、もしくは計画の変更などで当初予算を修正する必要が生じた場合は、変更しています。

気をつけないといけないのは、日々の売上にどうしても気を取られて、短期的な視点になりがちなことです。なので、月1回の取締役会では、社外取締役などから、長期的な売上成長について問われます。

四半期に1回のQBRでは短期的なことはあまり話さずに、金谷からは長期的なミッション・ビジョンの実現について話してもらい、各役員やマネージャーはそのための長期的な戦略をどうしていくのかを話して、経営陣全員で議論するようにしています。

各部門で日々の売上を考えますが、そういった3ヵ月に1回のタイミングに合わせて、長期的な視点で何をすべきかを議論する機会を、あえてつくっています。

日々の売上についても、「昨日はいくらだった」と毎日チェックしていますが、それについてきちんとディスカッションするのは、GMマネージャー会議（経営陣とマネージャーが参加）と、経営会議の週2回です。「その日1日だけ売上が未達だった」というだけなら、改善のためのアクションをすることはありません。たとえば大雪の日など、どうにもならない理由で売上が落ちることは避けようがないからです。

ちなみに、駐車場ビジネスで売上に顕著に影響する要因は、天候と休日、イベントの開催などです。それこそスポーツイベントなどが盛り上がってくれると、売上は伸びやすいですし、休日や祝日が続くかどうかも重要です。ゴールデンウィークも途中に平日があって連休が二つに分かれてしまうよりは、一つにまとまった休みになってくれると売上が伸びやすいです。また、うるう年の2月は例年より1日多いので、その分売上も多くなります。

akippa社では、すべての社員に事業計画をオープンにしています。見たい人はいつでも見られますし、毎月、金谷が第2火曜日の朝会で詳しく業績発表をしています。

事業計画というのは、作成と実行を何度も繰り返していくことによって、どんどん精度が上がっていくものです。ですから、事業計画の修正が必要になれば、恐れず、修正してください。

あとは事業計画をつくるときは、できるだけ事実とデータに基づいて行いましょう。

そこに人間の思惑が入ってしまうと、いろいろなところで支障が出てしまいます。

もちろん事業計画は目標なので、「ここまでやりたい」という希望が入ってもいいのですが、そんな思惑が入った目標が実現可能かどうかを検証したうえで計画をつくっておかないと、結局「できなかったね」で終わってしまいます。そうすると「最初の計画のところで思惑が多すぎた」というだけの反省にしかなりません。

事業計画はあくまで予測に基づいたものなので、なるべく予測が当たるように努力はしますが、外れるときは外れると思います。

なので、つくって終わりではなく、つくったあとに、どこに差異があるのかを追っていくことが大切です。

当初の予測が「これはまったく外れている」となったら、潔く見直す。

これに尽きると思います。

第7章

資金調達

金谷元気　代表取締役社長CEO

「資金繰りが楽になる日なんて、来ないんじゃないか」

創業期は、資金繰りの苦しみの連続でした。

すでにお話ししましたが、2009年の創業初期は営業代行会社でした。

いつも資金がギリギリの状態で、メンタル的に特に苦しかったのは、2010年の夏でした。家族が先進医療を受けるため、浜松の病院に入院することになりました。その病院でしか治療が受けられなかったからです。

私も付き添いで浜松に1ヵ月以上滞在していました。

そのころも社員が5～6人いましたが、本当にまったくお金がありませんでした。

しかし、私が1ヵ月も身動きが取れない状態になってしまいました。

自分が営業に行けないから売上が伸びない。
それなのに社員の交通費や給料の支払い日が来てしまう。

最初のうちは私も病室にいなければならず、身動きが取れませんでした。

それまで私は母親に起業していることを言っていなかったのですが、母にそのことを伝えると、パートを休んで浜松まで新幹線で来てくれました。

母もそんなに余裕があるわけではなかったと思いますが、ウナギをおごってくれて、「あんたがサラリーマンになると約束するなら貸しとくわ」と言って、10万円を貸してくれました（いまも経営を続けているのでその約束は守れませんでした）。

しばらくして私が病室にずっといる必要はなくなったので、浜松で広告営業をして契約を取ることを始めました。

「すみませんが、現金払いでお願いできませんか」

契約していただいた企業の担当者にその場でお金をもらい、領収書を切って、何とか給料を払っていくような綱渡りをしていました。そのころはまだ社員が少人数だったので何とかなりました。

経営はそこから持ち直したものの、２０１2年ごろになると、また資金が底をついてしまいそうになりました。

残高が数千円しかないような状態が続いたのですが、そんなことはお構いなしに、当然ながら、月末になると社員への給与支払い日がやってくるのです。

身内や知人に頼み込んでお金を借りて、何とか給料を支払うということを、毎月のようにやっていました。

月初めになると給料の支払いが終わるので、銀行を回って融資をお願いしていましたが、会社も、社長も若く、赤字のうえに債務超過。銀行から信頼があるはずはありませんでした。おそらくつぶれそうな会社と見られていたので、すべてお断りされていました。

このころに資金が枯渇してしまった主な原因は、事業が軌道に乗る前に、人を増やしすぎてしまったことでした。

少人数のころであれば、何とか自分が契約を取って、売上を伸ばしていけばカバーできますが、当時はスタッフが20人ぐらいいました。それだけの人数がいるのに、思いのほか目標売上に届かなかったのです。

私がそれまでに人をマネジメントしたことがなかったからでしょう。

「人に動いてもらうのはすごく難しいことだ」と痛感しました。

このように、人件費が経営を圧迫していたのですが、「社員に辞めてもらう」という選択はせずに、なんとか自分で動いて乗り切ろうと考えました。

起業してから最初の4年間は地獄で「資金繰りが楽になる日なんて、来ないんじゃないか」と、ずっと思っていました。

不安ながらついてきてくれた社員には感謝しかありません。

こんな状況ならやめてしまう人も多いかもしれませんが、私は諦めるつもりが微塵もなかったのは、ちっぽけながらもプライドがあったからだと思います。

人生を変えてくれた紀伊國屋書店本町店

ここで終わってしまうと、おそらく読者もどんよりして終わると思いますが、その後ベンチャーキャピタルからの資金調達に初めて成功しました。

すでに語ったエピソードですが、資金に困っていた2012年に、大阪の梅田と難波《なんば》の間にある本町というビジネス街に紀伊國屋書店があり、そこで資金調達に関する本を読んでいました。

その中に「ベンチャーキャピタルから調達する」という2~3ページほどの記述があり、それを読んで「どうやら銀行以外からもお金を融通してもらえるらしい」ということを、人生で初めて知ったのです。

銀行などの融資（デットファイナンス）とは違い、ベンチャーキャピタルは出資（エクイティファイナンス）がメインで、これから成長しそうな会社の株を買うことで、資金を入れて成長に寄与するという狙いです。

たとえばバリュエーション（企業価値）を10億円と設定して、1億円を出資してもらうとしたら、10%の株式を放出する形になります。株式会社であれば、上場しなくても株を投資家に売ることができるので、未上場の段階で出資を受けられるというわけです。投資家にはその10%の株を自社が上場した際などに売ってもらい、株価の差益で儲けてもらうという仕組みです。

紀伊國屋書店で読んだ本でベンチャーキャピタルの存在を知った私は、すぐにオフィスに戻って、「ベンチャーキャピタル　日本」と検索して、出てきた順番に、上から電話をしていきました。

20件ほどかけたのですが、アポイントメントが取れたのは3社だけでした。そのころはリーマン・ショックが起こった後で、その影響で新規のベンチャー投資をしている会社が少なかったのです。

なので電話をしても「新規投資はしていません」ということが多かったです。

それでもアポイントメントを取れた3社と面談をすることができました。しかし最初の2社は検討もしてもらえず終わりました。最後に来たのがジャフコという大手ベンチャーキャピタルの山口泰典さんです。山口さんは雑居ビルにあったオフィスに来た途端、

「何かこの会社は、すごいことをやりそうですね」と言ってくれました。

「資金がないというのは電話で聞きましたが、社員は元気に挨拶してくれたし、みんな前向きに仕事に取り組んでいる。社長の金谷さんも前向きに仕事をして窮状を乗り越えようとしている。それが好印象でした」とあとから聞きました。

もちろん出資に関しては数ヵ月の検討期間があります。その間ももちろん社員の給料は発生するので、売上をアップさせる努力や、コストを下げる努力をしつつ、足りないお金を借

りに行ったりといった経営努力を、相変わらず続けていました。

そして2012年9月、ついにジャフコが6500万円の出資をしてくれることになります。

何の実績もない会社に、これだけの金額が集まったことを思うと不思議な気がしました。当時はスタートアップが3億円ほど出資を得れば、大型調達と言われていました。大阪の会社で出資を受けるIT系の会社はそのころはほとんどなかったので、珍しいことでした。当時アキッパのサービスはまだ存在していませんでしたが、「営業力」は出資の一定の評価基準にはなっていたのかもしれません。

ベンチャーキャピタリストは「結局はその『人』に投資したいかどうかで出資を決める」こともあるそうです。

「人としてどうなのか」は、話がうまい下手のような次元の話ではなく、「相対していると伝わってくるもの」としか言えません。

投資家も人間で、人間には心、感情があります。

「人としてどうあるべきか」も、仕事をしていく中でとても大切なことだと思います。

それまで当面のお金のことでいっぱいいっぱいでしたが、2012年9月のジャフコからの6500万円の出資によって、少し落ち着いて将来を考える時間ができました。そのおかげで2014年にアキッパを開始することができたと思います。

ただ、開始したとはいえ、アキッパは、ビジネスの区分けで言うと、to Cサービスです。創業時などはto Bのビジネスをしていたので、営業をすればその場で売上になりましたが、経験のない一般消費者向けのビジネスで売上を生みだすのは簡単なことではありませんでした。

ですから、既存事業で頑張ってできるだけ資金を減らさないようにしながら、数人だけで新規事業のアキッパに取り組みました。

エンジェル投資家からのエクイティファイナンス

ベンチャーキャピタルや事業会社などがスタートアップに出資するかどうかの意思決定を

するには、約2〜3ヵ月と、比較的時間がかかることが多いです。

そんなときはエンジェル投資家に出資を依頼するのも有効な手段です。

エンジェル投資とは、上場企業の社長など、資産を持っている人が、有望なスタートアップに個人で出資することを指します。

個人での出資の場合、会社の承認は不要で、自分自身の意思決定でお金を動かせるので、「このスタートアップは伸びるかも」と思ったら、早ければ1〜2週間くらいで出資の意思決定をしてもらえることもあります。

しかし私はそれまで大阪の端っこで会社経営をしていたので、そういった人との関わりがまったくありませんでした。

その代わり、アキッパを始めたころは、ピッチイベントによく参加していました。

事業のアイデアを思いついたら、それを隠す起業家もいます。

「自分だけのアイデアにしておきたい」という気持ちも理解できるのですが、私は多くの人に事業構想を知ってもらうほうがいいと思います。そのほうが出資を受けられるチャンスも生まれますし、そのアイデアの実現に協力してくれる仲間も集まります。

それに、自分以外に同じアイデアを持っている人がいたとしても、「実行に移す人は100

人に1人程度。一度実行に移しても、ずっとやり続ける人はさらにその100分の1しかおらず、結局は1万人に1人くらいしかやり続けられない」という話を聞いたことがあります。

ですから「アイデアを真似される」と心配をするよりも、周囲にどんどん話すことでチャンスを広げることのほうが大事だと個人的には思います。


アキッパはピッチイベントで事業内容を話して、個人投資家からの出資が決まりました。

「大阪イノベーションハブ」というイノベーション施設があり、サービススタートの3ヵ月前にそこでピッチイベントが開催されることを私はネットで知って、すぐに申し込みました。

その審査員の1人が、上場している「BUYMA」を運営するエニグモの創業者である須田啓将さんでした。須田さんから絶賛していただけたので、終了後の懇親会で須田さんに、「資金調達活動をしています。出資に興味はありませんか?」とお伝えしたところ、「後日お話ししましょう」と言っていただくことができました。

そして本当に後日お会いして、須田さん個人と、須田さんの知人から2週間ぐらいで1000万円を出していただくことが決定しました。

そして前述の通り、ブースを出展していたらディー・エヌ・エーの担当者も会いにきてくださって、それがきっかけとなり、3000万円の出資を受けました。

やはりいいアイデアを多くの人に知ってもらおうと、ブースを出したりピッチに出たりして、自ら動き続けたことでチャンスが舞い込み、出資をしてもらうことができたのではないかと思います。

結局サービス開始から2ヵ月後の2014年6月に、ディー・エヌ・エーや須田さん、知人を合わせて合計5000万円の出資を新たに得ることになったのです。

このときのアキッパの売上は、月にわずか数万円でしたが、おかげでアキッパに全力で取り組めるようになりました。

このとき私は29歳。

最高にワクワクしていました。

事業のKPIがうまく回れば、既存投資家から追加出資を受けられる

事業が順調に成長していれば、すでに投資を受けたことがある既存投資家から、追加で出資を受けられることもあります。

では何をもって「成長している」と言えるのでしょうか。

アキッパの場合であれば、駐車場数やユーザー数などの尺度があります。それらのKPIを達成しているかが重要でした。

原田明典さんが当時アキッパへの出資を決めたことについて、よくおっしゃられることがあります。

「アキッパへの出資の際に売上は見なかった。なぜなら売上は遅行指標でしかない。駐車場が増えているとか、なぜかこの場所ではめちゃくちゃ使われてるとか、そういった現象追従

主義で、ＫＰＩなどの先行指標を見て投資の意思決定をしたのです」

ＫＰＩを達成できれば、前のラウンドで出資してもらった既存投資家から、追加出資をしてもらえる可能性は高いでしょう。

われわれもディー・エヌ・エーと個人の投資家から出資してもらった後は、アキッパに集中することができたので、駐車場開拓活動によって駐車場をしっかり集めて、広報でテレビに取り上げてもらい、徐々に会員登録数も増えていきました。

当時は駐車場数と会員登録数を最重要指標のＫＰＩとして置いていました。ここが積み上がってくると、将来的に売上アップが見込める「先行指標」となるからです。

既存株主は決算書などの情報開示はもちろん、毎月の取締役会などにも社外取締役として参加していたので、常に会社の経営状況が見えていました。

実はＫＰＩの伸びもあり、ディー・エヌ・エーからは２０１４年6月に３０００万円出資してもらった後に、同年の11月までに追加で2億円ほど出資してもらいました。

なぜ資金があるのに追加調達をしたか

その後、前述のIVS LAUNCHPADでの優勝などもあり、知名度を高めたakippa社は、2016年ごろにグロービス・キャピタル・パートナーズなどから新たに6億円の出資を受けることになりました。

「6億円も出資を受けなくても、十分やっていけるのではないか?」と思った方もいるかもしれません。

私の生まれ育った大阪は商売の町です。商売人は赤字を嫌い、堅実に事業を伸ばしていくことをよしとする。この考え方に沿うならば、他人から出資を受ける必要性は低いということになります。

そのような堅実な経営が必要になる場合ももちろんあるのですが、それとは少し違う「Jカーブ型の成長」というものがあります。

「Jカーブ型の成長」は、先行投資をすることで直近の利益が赤字になる代わり、先行指標である会員登録数やダウンロード数を増やし、数年後に大きくグロースすることを目指せる特徴があります。

数年後には損益分岐点を大きく超えて伸びていくことを目指すので、この一連の成長過程をグラフにすると、アルファベットの「J」のようなカーブを描く。これが「Jカーブ型の成長」です。

ゲームアプリを例にとって考えてみましょう（ゲームアプリ内のアイテムだけで売上を得る前提です）。アプリAは堅実に利益を得ることを目指します。赤字をつくることを避けるため、初期からアイテムを得るためにユーザーに課金してもらいます。そうすると初期から売上が立ち、利益が出ます。

一方、アプリBはJカーブ型の成長を目指し、初期にアイテムを取得できる方法は、「友達を紹介したら無料でもらえる」のみとします。

課金しない場合、売上はゼロなので、大赤字になるわけです。ただし登録ユーザーの数はアプリAより大きく伸びる可能性が高いです。無料で遊べるうえに、友人を紹介するインセンティブが設計されているためです。数年後に登録ユーザーが大きく増えてから有料化に切り替えると、そのころにはアプリAより売上や利益が大きくなるというわけです。

これは極端な例ですが、実際に成功した例を挙げてみます。

メルカリは、初期の数年間は手数料を無料にしている時期がありました。

その期間の売上はもちろんほぼゼロ。その状態で、テレビCMを実施していました。そのため当初の3年間で20億円以上の経常赤字がありました。

ただ、その効果でアプリは、サービス開始から約1年半で1000万ダウンロードされました。ユーザーが増えて、世の中にメルカリが定着したころ、取引手数料10%をしっかり取るようにしました。

その結果、4年目には単体で32・6億円の経常利益を出しています。

なぜメルカリは売上ゼロの時期が続いたのに経営が成り立ったのか。そして大規模な金額が必要なテレビCMを打つことができたのか。

出資を受けることによって可能になっているのです。戦略を立て、Jカーブ型の成長を計画したら、ベンチャーキャピタルなどから赤字分をまかなうだけの出資をあらかじめ受けておき、それを使ってユーザーを集める施策を打ったのです。

アキッパが資金調達を続けたのもこれと同じです。知名度を上げ、駐車場を増やすために、まだまだ資金が必要だったのです。アキッパもサービスをスタートしたばかりのころは「すべての駐車場が100円均一」などのキャンペーンをしていました。出資を受けることでこのような施策も可能になります。

当時、大阪でこのJカーブ型の成長を目指す会社はほとんどありませんでした。

一方、東京ではJカーブ型の成長を描くスタートアップが多かったので、それを参考にしたというわけです。

CEOはファイナンスも勉強すべし

おそらく、創業直後からCFO（最高財務責任者）がいる会社はほとんど存在しないでしょう。CFOがいなければ、会社のトップが自ら動いて出資交渉をしなければなりません。出資してもらうのは素晴らしいことですが、注意も必要です。

なぜなら不可逆的なものだからです。

出資は一度受けたら、もう後戻りができません。私は、わずか数百万円の出資で50％以上の株式を渡してしまったスタートアップがあるという話を聞いたことがあります（なぜこれがよくないかというと、半数以上の株を持つ大株主が実質的な経営権を握ることになるからです）。

このような悲劇を防ぐためには、やはり社長自身がファイナンスを勉強することが必要です。私の場合も、ピッチ出場やブース出展、紹介を通じて12億円までは自分で調達しましたが、その際は『起業のファイナンス』（磯崎哲也著・日本実業出版社）、『起業のエクイティ・ファイナンス』（磯崎哲也著・ダイヤモンド社）といった書籍を読んで、勉強に取り組みました。

しかし会社が成長していくと、社長はファイナンスだけに時間を割くことはできなくなります。そして、フェーズが進めば資金調達の難度も高まっていきます。

その分野において自分より優れた人材がいれば、その人に任せたほうがいいですし、もしいなければ、採用も検討していったほうがいいでしょう。

２０２４年7月時点でアキッパは35億円調達していますが、12億円の調達以降は、現在ＣＦＯの西野《にしの》将規《まさき》や、取締役ＣＣＯの杉村大輔といった会計士出身のスペシャリストが担当してくれました。詳細は西野から話してもらうことにしましょう。

西野将規　執行役員CFO

「本当にここはIT企業なのか」

私は会計士として有限責任トーマツ監査法人に勤めた後、東京でファンドのアセットマネジメントの仕事をしていました。立場としては、「スタートアップへ投資する側」にいたことになります。

私の勤めていた会社の話になりますが、スタートアップに投資することが決まると、私は投資先のスタートアップに入っていきます。そこで皆さんを指導しながら一緒に働く。これをハンズオンと言います。

事業計画をつくったり、採用に携わったり、IPO（新規上場）の準備をしたり、ドブ板営業のようなことをしたり、要するになんでもあり。そうやってみんなと汗を流すうちに、いつしかスタートアップで本格的に働きたいと思うようになりました。

結婚を機に東京から出身地である大阪にUターンし、転職エージェントからakippa社を紹介してもらって、入社したのが2016年です。

決断の決め手は、akippa社のミッション・ビジョンはもちろんですが、出身地である大阪から世界一の企業をつくるという金谷の考え方に共感したことです。そしてアキッパというサービスのポテンシャルの大きさに、期待が持てたことも大きな要因になりました。

アキッパは社会に不可欠なインフラを担うビジネスです。

駐車場自体、モビリティのインフラを下支えするものであり、そこからモビリティに関する別の分野に事業を発展させることもできるかもしれないし、不動産という切り口で広げることもできます。

だとすると、akippa社という会社は面白いのではないかと考えました。

入社したときの管理部門（現在のコーポレート部門）の体制は、メンバーが4人でした。

業務の体制も、情報の管理体制も、いろいろなものが揃っていませんでした。

たとえば各種のデータが各々のパソコンのローカルに保存されていて、ネットワークでつながっているわけでもない状況でした。

「この状態はなんとかして改善していかないといけない」と思っているところへ、入社して早々に、トヨタ自動車が関わるファンドからの資金調達のタスクがスタートしました。

私としては入社したばかりで右も左もわからないのに、いわゆるデューデリジェンス（投資家からの、投資してもいい企業かどうかという調査）がいきなり始まってしまいました。

デューデリジェンスでは、事業計画に関する質問が来たり、いろいろなデータの提出を求められたりします。

ところが会計のデータがいろいろなところに散らばっていたり、そもそもリクエストされた情報やデータ自体がなかったりしました。それで情報を探したり、資料をゼロからつくったりと、膨大な仕事に追われました。

このままでは次につながらないので、資金調達の準備と並行して、コーポレート部門の体制づくりを進めていきました。

私が入った当時のakippa社には管理部長がおらず、金谷が管理部長を兼ねていました。「本当にここはＩＴ企業なのか」と疑いたくなるぐらい、業務のやり方がまだまだアナログでした。

驚いたのは、毎月、駐車場オーナーにお支払いする報酬の明細を、プリンターで印刷して封筒に詰めて郵送していたことです。

極めて大変な作業なので、月末はいつも残業続きでした。

勤怠管理は紙のタイムカードをガッチャンと押して、それを月末に人事担当者が電卓で集計する。金谷によれば、そのころのメンバーはものすごく泥臭く頑張る人たちだったので、なんでも人力で乗り切れてしまっていたそうです。


でもそんなことをしていたら、世界一の企業になったときに破綻することは誰がどう見ても明らかでした。

また当時は将来の上場を視野に入れて、監査法人に入ってもらったばかりのころでした（上場企業では監査法人による監査が必須条件だからです）。

ですから監査法人に見てもらった範囲内の数字は正しかったと思います。

ただ、間違いが見つかることもあります。そのころは100％の精度とは言えなかったのですが、その後、徐々に精度を高めるためのデジタル化や業務フローの改善、仕組みづくりなどをしていきました。

具体的には、ダブルチェックが必ずなされているかを確認する、自動で処理ができるものはなるべくそうする。

たとえばお金が５００円出金されたとき、手入力では、「５００」と入力しようとしても、手がすべって「５０００」と入力してしまうリスクがあります。

しかし銀行のデータと会計のデータを連携させれば、手入力で「５００」と入力しなくても自動で「５００」と反映される。

そのような改善を積み重ねて、情報の確実性を上げていきました。

現在は仕組みで間違いを防ぐチェック体制をつくっており、また、本格的に監査法人の監査を受けているので、第三者的な目が十分に入った状態になっています。

事業の成長性を「定量」で示す

私は金谷が12億円を調達したあと、金谷に代わってファイナンスを担当することになりました。

当時のakippa社は初期フェーズから、事業の拡大フェーズに入っていくところでした。フェーズが変わると、資金調達の方法もそれまでとは変わってきます。

それまでは、社長である金谷の人間性やビジネスモデル、事業の将来性など、定性的な部分で一定の金額が調達できました。

もちろんそれらは今後も引き続き重要ですが、これからは数字で示せるような定量的な面がより重要になっていきます。定量的な面を投資家にきちんと示して、成長のイメージを想起してもらうことを重視するフェーズになります。

そこで重要性を増すのが事業計画です。当社のミッション・ビジョンからブレイクダウンして、中長期で成長する道筋を示さなければなりません。アキッパはまだ事業が完成しているわけではなく、PMF（プロダクトマーケットフィット）が十分に検証できている段階でもありませんが、仮説でもいいので将来の絵を描くことが重要です。

ベンチャーキャピタルなどの投資家は、われわれの企業の成長を応援してくれる伴走者ですから、事業計画に納得してもらって、akippa社のファンになってもらわなければなりません。そのためにもTAMと呼ばれる、「市場の大きさ」をもとに投資家と議論をしながら、成長の仮説に納得感や実現するイメージを持ってもらうことを目指します。

結局、何のために資金を調達するかというと、その資金で事業の成長を加速させるためです。その資金でどれだけ成長できるか、アキッパの持つポテンシャルをいかに想起してもらうか。

そのためにはミッション・ビジョンおよび成長戦略と事業計画に大きな矛盾がなく、整合性がとれている必要があります。

それに加えて、立ち上げの段階を過ぎて成長のフェーズに入ってくると、構想だけでなく、成長ストーリーの蓋然性をＫＰＩ、損益計算書、貸借対照表などの実績で示すことが重要になってきます。

いざというとき、そういう材料を準備できるように、会計部門や経営企画などコーポレート部門を整備しておくといいでしょう（私は非常に苦労しましたが）。

とはいえスタートアップにおいては、いきなりそのあたりを１００％の精度で準備できるものでもありません。１００％の精度でないにしても、できる範囲内で情報を提出して、投資家に理解してもらうことが重要です。

リード投資家を味方につける

株主や投資家は、利害が対立する相手ではありません。

もちろんお金を投資しているので、会社と株主では利害が対立する部分もあるものの、大枠においては、ともに事業の成長を目指すサポーターです。

お互い信頼関係を醸成しながら、味方になってもらうことが重要です。

大事な存在ですから、出資をいただく前に、「本当にこの人にサポーターになってもらうことが重要なのか」という見極めも必要です。

出資を受けるにあたっては交渉やコミュニケーションを行いますが、その過程で先方の考え方の背景や、交渉における先方の立ち位置などが徐々に見えてきます。それが自社の考えと一致するのであれば、将来の伴侶のようなかたちで入ってもらうのがいいと思います。

akippa社では、グロービス・キャピタル・パートナーズに株主に入ってもらっていますが、今野《いまの》穣《みのる》さん（グロービス・キャピタル・パートナーズ 代表パートナー）を筆頭に、皆さんがファイナンスのプロフェッショナルであり、経営に関してもスマートニュース、ビズリーチを運営するビジョナルなど、メガベンチャーへも投資をして、経営のノウハウや事業を見てきた経験を持っています。

したがって、資金調達に関して、かなりサポートをいただいていますし、ときに愛のムチのような厳しい指導を経営メンバーにいただきます。これはakippa社の経営に非常に有用なアドバイスです。

ベンチャーキャピタルは特にファイナンスに関して造詣が深いので、資金調達の戦略や交渉においても有効な解をもらえることが少なくありません。

グロービス・キャピタル・パートナーズは既存株主ですから、グロービス・キャピタル・パートナーズの利益を第一に考えてもおかしくありません。それなのに、akippa社がグロービス・キャピタル・パートナーズ以外の投資家から資金調達をするとき、われわれの立場になって、どこが最適かを考えてくれます。

そういうリーダー的な「リード投資家」の存在は、まだ若い会社であったakippa社にとってありがたいことでした。

資本政策は一度進めてしまうと後戻りができない不可逆的なところがあるので、実際に進める前の検討段階で、有用なアドバイスをもらえるサポーターを見極める必要があるでしょう。

こちらが全力を尽くしていれば、投資家も最後は何とかしようと尽力してくれる

ここまで解説してきたように、アドバイスをしてくれたり、協力してくれたりする投資家や株主との関係を築くのが理想的ですが、やはりお金に関する話なので、下手をすると交渉が決裂することは大いにあり得ます。

われわれは2017年に資金調達をしましたが、当時は赤字を掘って事業を拡大していく段階でした。金谷がJカーブ型の成長の話をしましたが、成長を拡大していくために、より資金が必要になった時期です。

しかし資金調達には交渉がつきものですから、交渉が長引けば長引くほど資金調達のタイ

ミングが後ろにずれていきます。その間も資金をどんどん使っていくので、本当にあと1ヵ月半で資金がなくなる状態に陥ってしまったのです。

資金調達ができなければ、事業への投資にブレーキをかけないといけなくなります。スタートアップは成長が至上命題なので、それはできればしたくありません。

実は、他の新しい投資家から資金調達をするにあたっては、すでに投資してもらっている既存株主から承諾を得ないといけません。そのうちの1社がどうしてもイエスと言ってくれませんでした。反対の理由は、「新しい資金調達の契約内容が、akippa社の将来の成長の足かせになるかもしれない」というものでした。

決してakippa社のことを考えていないわけではありませんでした。

私たちは夜な夜なリード投資家と、どう進めていくべきかを打ち合わせして、なんとか解決策を見つけ、最終交渉を乗り越えて資金調達をすることができました。

われわれが真摯に何とかしようと全力を出していることを理解してくれると、相手も最後は何とかしてくれようとします。

ですから、それを行動と態度で示すことも重要です。

先方も当社を理解しようと全力を尽くしているのですから、たとえばいろいろな情報の提出を求められたら提出の期日を守る、集められる情報はできるだけ集めるとか、そのような基本的な姿勢や、先方に理解してほしいという思いの熱量の伝達も、最終的には信頼関係の醸成につながっていくと思います。

株主を「選ぶ」フェーズ

さて、資金調達がある程度できてきて、事業もそれなりに軌道に乗ってくると、株主を選ぶフェーズに入ってきます。

それまでが、とりあえず資金が欲しいので、言葉はよくありませんが相手を選ばず、出資してもらえるところからできるだけ調達するという段階だったとすれば、ここからはいろいろなお声掛けをしてもらえるようになり、こちらが相手を選ぶことも可能な段階になります。

ここが「相手選び」に慎重になるべきタイミングです。

というのも、さきほども述べたように資本政策は不可逆的、つまり後戻りはできませんから、失敗は許されません。一度「伴侶」になってもらったら、上場やM&Aなどエグジットをするときまで、ずっと伴走してもらうことになります。

ですから「誰にサポートしてもらうのか」がすごく重要になってきます。そのためには資金の提供以外にも、「どういう価値を提供してくれるのか」を見極めなければなりません。

投資してもらう相手の事業によっては相乗効果（シナジーといいます）が生まれるかもしれませんし、経営に助言してくれたり、他の投資家を紹介してくれたり……といったことが考えられます。

しかし一般的には、想定通りの事業シナジーが発揮されるのはレアケースです。

投資家によっては「事業シナジーを目的に出資したい」という話があったりしますが、そんなときはそれがアキッパの戦略に沿っているのか、そもそもその会社自体、本当にシナジーが発揮できそうな相手なのかを、インタビューディスカッションなどを通じて見極めていきます。

本気度を測ったり、具体的にどんなビジネスの連携を考えているのか、企画の話を聞いたりする必要があるでしょう。申し出を受けたうちの7〜8割は実際に試してみますが、シナジーが実現しても小規模で終わってしまうことが多々あります。

akippa社でも事業会社といろいろな事業連携を行ってきましたが、大きく成功した取り組みは限られています。

あるいは、大手企業では会社の方針としてスタートアップとの連携が重要視されていても、担当者レベルではあまり本気度が高くなかったりする、といったことも聞いたことがあります。

うまくいったケースもあります。

akippa社ではSOMPOホールディングスに一定の規模で株主に入ってもらっていますが、その事業会社の損保ジャパンには保険代理店を使った駐車場開拓や、駐車場シェア専用の保険の開発をしてもらったりしています。また諏訪湖祭湖上花火大会という花火大会の公式駐車場をakippa社に委託してもらえるようになったのは、損保ジャパンの橋渡しによるものです。

また株主が増えすぎると、コミュニケーションコストや調整コストが莫大になってきます。あまり意識しない部分かもしれませんが、このあたりのコストコントロールも大事になってくると思います。

資金調達における契約の重要性、ロジスティックスの難しさ

非常に重要なことなので、繰り返しお伝えさせていただきます。

資金調達とは、不可逆的な、後戻りできないものです。

一度契約した内容は、その後に入ってくる投資家にも影響を及ぼします。

「後から投資する人は、前に投資した人よりも不利な内容では投資しない」というのが、資金調達の「お作法」のような、一般的な商慣習になっているからです。

同じ人が2回目に出資するときも、必ずしも前回より有利というわけではありませんが、最低限、同等の契約条件を要求してきます。

ということは、最初からいきなり株主にものすごく有利な契約をしてしまうと、そこからは自社側に有利な内容にするのが難しくなります。一度契約してしまうと基本的に修正ができません。専門的な内容なので、ちゃんと調べたり、専門家にも入ってもらったりして戦略

的に考えていくことが重要です。

また、契約を締結するプロセスの事務的な問題で、つまずきそうになることもあります。たとえば10社とか20社いる全株主と、同時に一つの契約書を交わすような場合、当然、調印作業だけでも時間がかかります。

ハンコを押す人が出張でいなかったりすると、資金調達の期日に間に合わずディールが破綻してしまうことすらあります。

時間がないときは契約書をバイク便でやり取りすることもあり、事前に「こんな段取りで行きます」ということを担当者と調整して、スケジュールを押さえてもらうことも必要になる場合もあります。

他にも、先方の決裁のタイミングと自社の決裁のタイミングを調整するなど、スケジュールを組み立てる難しさもあり、そのあたりは地味ではありますが、非常に重要な仕事です。

「資金調達＝エクイティ」だけでなく、戦略的に「借入」を活用

akippa社もそうでしたが、スタートアップは赤字であることが多いので、そもそも銀行からの借入（デット）のハードルが高いことが多いです。そのため、資金調達というと、返済義務のない、いわゆる「投資としての資金調達」ばかりが注目される傾向にあります。

このような資金調達をエクイティと言います。

しかし、銀行からの借入を選択肢から外すのではなく、戦略的に活用することも重要です。エクイティと借入には、それぞれメリット・デメリットがありますが、どちらも借りた額面以上のお金がかかります。エクイティであれば、配当を出すと決めれば配当を支払う必要がありますし、借入であれば金利を支払わなければなりません。

そのバランスを取ることが大事で、ファイナンスの理論でも、それができるのが最適資本構成だと言われています。

赤字のスタートアップにとって、銀行から借りるのは難しいことですが、将来的にどこかのタイミングで借入ができるチャンスもあるかもしれません。

そのためには、当たり前ですが、金融機関のコネクションの開拓や、銀行の担当者と密なコミュニケーションを取り続けるなど、めげずに信頼関係構築の努力を継続していきましょう。

銀行からの借入は返さなければいけないものなので、銀行が融資をするときは、事業の信頼感も重視されます。銀行の担当者に自社のことを理解してもらえれば、銀行内で融資の稟議を上げてもらいやすくなるでしょう。

銀行にも都市銀行、地方銀行、信用金庫といろいろありますが、小さい会社なら信用金庫が借りやすいでしょう。成長するに従いメガバンクともつきあいが生まれて、借りやすくなります。どこから借りるかも戦略的に考えていくべきです。

もちろん返済義務のあるお金なので、借りられるからといって、借りられるだけ借りればいいというものではありません。借り過ぎてしまうと、今度は返済に追われて資金がショートして倒産してしまうリスクもあります。

一方で、黒字になれば返済余力も出てきます。

基本的には事業の成長がベースにあり、事業成長のための血液が資金です。

やはり事業という骨格の部分が今後どういう姿になっていくのかを理解したうえで、「これは借り過ぎかな」「もう少し借りてもいいんじゃないかな」と、そのあたりを常に探っていく必要があるでしょう。

身の丈に合った資金調達の重要性

エクイティで調達するときに大事なのが、「身の丈」に合った調達をすることだと思います。

よくニュースなどで「ベンチャー企業が○○億円調達」と華々しく報じられますが、それが本当に身の丈に合った資金調達であれば、それは素晴らしい成果です。

しかし身の丈に合っていないものであるならば、もしかしたら将来それがネックになる可能性があります。

繰り返しますが、資金調達は不可逆的です。

たとえば同じ人から2回、資金を調達させてもらったとします。発行する株式数が同じ前提で、1回目に調達した金額よりも、2回目のほうが調達金額が少なかったら、その間に会社は成長しなかったということになります。

このように前回の評価額よりも低い金額で資金調達を行うことを「ダウンラウンド」といい、「そもそも事業成長できていないのはおかしい」という話になります。

1回目の資金調達のとき、「うちはこんなに将来性があります」と強調し、そのおかげで100億円を調達できたとしても、2回目の資金調達では相手が冷静になって同じ株数でも50億円になってしまったとしましょう。すると1回目にお金を出した人は、「なんでこんなに価格が下がっているの？　こんな価格で新しい株主が入ってくるなんて、うちとしてはイエスと言えません」ということになってしまいます。

ですから、謙遜しすぎてもいけないけれど、変に虚勢を張るのも望ましくありません。そのフェーズに応じた実力を相手に理解してもらって調達していかないと、次の資金調達ができなくなるおそれがあるのです。

もう一つ、つけ加えれば、「株を発行する」ということは、「会社の経営権をシェアして渡す」ということでもあります。資金調達が楽にできるからといって株を渡しすぎると、言ってみれば「ピザのパイ」を必要以上に渡してしまうことになります。

そこはちゃんと逆算して、その時々に応じて身の丈に合った資金調達をすることを忘れないようにしてください。


もしもあまりファイナンスの分野が整備されていない中小企業が、この分野を改善していこうと思ったとき、いちばん重要なことは何かと言えば、「将来のなりたい姿から逆算して、いま何をすべきか」を考えることだと思います。

夜な夜なパソコンに人間が数字を打ち込んでいても、絶対に世界一の企業にはなれません。仮にできたとしても、それはコストがかかりすぎです。

企業価値を世界一に高めていくにあたっては、もっと違うやり方があるはずです。

やはり将来から逆算して、物事を考えることが大事なのではないかと思います。

第8章

バリュー・カルチャー

金谷元気　代表取締役社長CEO

akippa社の三つのバリュー

バリューとは、ミッションを達成するための行動指針のことです。

akippa社のミッションは「〝なくてはならぬ〟サービスをつくり、世の中の困りごとを解決する」というものです。

それを達成するために、一人ひとりが従うべき行動指針がバリューです。

バリューがあれば、誰も見ていないときでも（たとえばリモートワークで家にいるときでも）、バリューを思い出せばどう行動するかが明確になります。

今後、組織が拡大しても、全員が同じ方向に進むために必要なのがバリューです。

akippa社における現在のバリューは次の三つです。

- 常に全力でやりきる（ALWAYS GO BEYOND）
- 広い視野を持って判断する（BE MORE INSIGHTFUL）
- すべてを自分ごととして行動する（TAKE OWNERSHIP）

それぞれ順番に解説していきましょう。

常に全力でやりきる（ALWAYS GO BEYOND）

akippa社が目指す目標は「〝なくてはならぬ〟サービスを生み出し続けて、その結果、世界ナンバーワンになる」ことです。そうなるためには人々の困りごとを解決して、新たな価値を提供し続け、驚くほどの幸せな体験を提供しなければいけません。

このような高い目標は70点、80点の仕事では達成できません。「世界一視点で仕事ができているか？」を意識しないといけないと考えています。

これは単に長時間働けばいいということではありません。誰もが永遠に長時間働けるわけではありません。「時間」と「成果」は比例しません。

akippa社における「全力で」というのは、「質×量＝全力」という意味です。

世界ナンバーワンを目指すことはマラソンのように遠い道のりですから、長期戦にならざるを得ません。人間は集中力を長時間保ち続けるのは無理です。

限られた時間の中で全力を尽くす、クリエイティブで生産性の高い働き方が必要です。つまり、オンのときは全力で仕事に向き合うけれど、オフのときは全力で休む。それがakippa社で求められる働き方です。

とにかく、常に世界一を目指す。経営会議の意思決定でも、「それで本当に世界ナンバーワンに届くのか？」という確認の仕方をよくします。

バリューが浸透していくと、そんな会話が増えていきます。

広い視野を持って判断する（BE MORE INSIGHTFUL）

続いてバリューの二つ目が、「広い視野を持って判断する」というものです。

私たちは世の中の困りごとを解決するわけですから、そのためには困っている人の立場になって考えて行動することが欠かせません。

そしてものごとを解決するには、自分から見える人たちだけでなく、社会をまるごと見通す幅広い視点を持っている必要があります。

たとえばプロダクトのディレクターの視野が狭ければ、「こうやったら便利じゃないかな」と思う機能を追加しても、それほど当たらなかったりします。

しかしユーザーインタビューを重ねて、「アプリを使っていて、どういう場面で困りますか？」とヒアリングを続けて多様な視点を増やしていけば、多くの人にとって便利な機能をつけられる可能性が高まるはずです。

常に「利他の精神」を持って、仕事で関わる人にとって何がベストなのか、そのために自分たちは何ができるかを考えて行動することを心がけています。

そんなふうに広い視野を持つことによって、新しい発想も生まれてきます。

すべてを自分ごととして行動する（TAKE OWNERSHIP）

会社で働いていると、「上司に言われたからこうする」とか、「お客様がこうしてほしいと言うからこうする」という発想になりがちです。

ですが、akippa社で求められるのは、自分で考えて、自分の意思で判断して行動するという姿勢です。「自分がやらなくても誰かがやるだろう」ではなく、自分がやる。

自分が会社の「代表」であり、自分が会社を伸ばす、会社を勝たせるという意識を持ってもらう。

ありがたいことに、すでにakippa社のみんなが実行してくれていることでもあります。

実は、アキッパにおける大手企業や自治体との提携において、私が関わっている案件はほとんどありません。私は営業出身ですし、創業時は営業代行からスタートしたので、社長として自分が頑張っていると思われがちです。

ですが、実際は、社員それぞれがアキッパを代表して提携してきてくれています。エンジニア採用においても、プロダクトグループの社員が堂々と会社のよさを語ってくれています。みんながそれぞれ「自分が会社の代表」という意識で業務を進めてくれているからこそです。

バリューのヒントは「社内」にあり

このように「常に全力でやりきる」「広い視野を持って判断する」「すべてを自分ごととして行動する」の三つが現在のakippa社のバリューです。

バリューをどのようにつくったかというと、実は社内に目を向けました。

まず、共同創業者の松井と、「いま、誰が会社で活躍してるか」という話をしました。

「○○さんはこういう行動がよくて、すごく活躍しているよね」

「そういえば○○さんは、常に全力でやっているよね」

話している過程で「全力」というキーワードが見つかりました。

このように社内の「いい部分」をかき集めて、その結果決まったのがこの三つのバリューです。

つまりこの三つのバリューは、社内で最も活躍している人たちの実際の行動を分析し、特徴を抽出することから生まれたものなのです。

バリューを決めるとなると、どこかかっこいい言葉を切り取ってきたくなりますが、それではバリューを制定することは難しいのです。

お手本となる人をつぶさに研究して、それをバリューとして言語化することで、実行しやすい行動指針になると思います。

ただバリューはフェーズに応じて、変化していくものであるとも思っています。

akippa社のカルチャー

akippa社ではミッション・ビジョン、バリューだけでなく、カルチャーも言語化しています。

カルチャーとは、これまでの会社の歴史で積み上がった共通の価値観のことです。

大手企業ではあまりカルチャーという言葉を使わない気もしますが、AirbnbやNetflixなどはカルチャーを重視していて、アメリカの投資家も投資先の会社について知りたいときは、「あなたの会社はどんなカルチャーですか」と尋ねるようです。

バリューがミッション達成のために「意識的に発揮する」ものだとしたら、カルチャーは所属する社員が特に意識せずに自然とやってきたこと、日々の言動の積み重ねの中で育んできた空気みたいなものです。

ですから、カルチャーを定義するのは非常に難儀でした。

しかし「ここがこの会社のいいところだ」と思える部分を言語化して定義することで、会社のいいところをより伸ばせるようになるばかりか、カルチャーに合う人が集まってきます。共通の価値観を持つ人が増えれば、より一丸となれるはずです。

われわれはakippa社のカルチャーを言語化し、それを独自に「ホスピタリティ・カルチャー」と呼ぶことにしました。社員にホスピタリティの高い人が多いからです。

社外の方から「本当に、akippaさんにはいい人が多いですね」とよく言われますが、それは私の誇りでもあります。

現在言語化されているホスピタリティ・カルチャーは次の通りです。

- 相互尊敬
- 謙虚さ
- 性善説

これも順番に説明していきましょう。

相互尊敬

まず、akippa社には相互尊敬のカルチャーがあります。人には長所もあれば短所もあり、得意な部分もあれば不得意な部分もあります。

akippa社では、相手の短所や不得意な部分に集中するのではなく、お互いの得意なことを認め合うカルチャーがあります。

謙虚さ

ホスピタリティ・カルチャーの二つ目は謙虚さです。そもそも謙虚でない人は、まわりから応援してもらいにくいでしょう。私たちは壮大なミッションや、「世界ナンバーワン」という大きな目標を掲げているのですから、謙虚でなければいけないと思っています。目標が大きければ大きいほど、大勢の人から応援してもらえなければ、目標は達成できません。

私は謙虚さとは、単にへりくだるとか、腰が低いとか、そういうことではないと思います。本当の謙虚さとは、失敗や間違いをおかしたとき、それを認めて反省し、次に生かして周囲に貢献して、その結果として成長していくことではないでしょうか。

私はある程度会社が成長して、もっと成長させることができそうだと思ったとき、「これからは自分より優秀な人を採用する」と決めました。

私は昔から営業成績で人に負けたことがありませんでした。営業は圧倒的に得意で、自信満々でした。ですが、よくよく考えてみたら、私が担当していたのは零細企業ばかりで、大手企業から仕事をとったことはほとんどなかったのです。

そこから「エンタプライズセールス（大手企業向けの営業）の人材には、自分より優秀な人が絶対たくさんいるはずだ」という発想にだんだんなっていきました。

第一、本当に自分がすべてにおいて1番なのであれば、営業会社として世界一になっていたはずなのです。

性善説

ホスピタリティ・カルチャーの三つ目は、性善説です。

人間の本性は悪であるとする「性悪説」と、人間の本性は善であるという「性善説」の二つがありますが、akippa社は後者をとります。

「心理的安全性」という言葉が話題になりました。

心理的安全性の高い組織とはどういうものかというと、お互い本音で発言したり行動したりできる組織です。「自分が本音を言っても、この人には悪く思われないだろう」と、お互いが思える組織であれば、心理的安全性が高くなります。

そのためには、お互いの信用を築く必要があります。

その第一歩が、性善説に立って、自分から先に相手を信じることだと考えます。

性善説をとるというと、「そんなに甘い考えで経営ができるのか」と思われるかもしれません。

もちろん経営者の役割として、二面性は持っておく必要はあります。信じているけれど、リスクに備えて準備しておかなければいけないこともあります。

たとえば社員が、「この目標を絶対達成します」と言ってくれた場合、私は「この人たちは絶対やれる」と信じていますが、でも経営者の役割としては、できなかったときのリスクも考慮して、カバーできる準備までしておかなければいけません。

それでも、心の中では社員を信じるのです。

ホスピタリティの体現者「ももクロ」

ここまでお伝えしてきたように、われわれはホスピタリティ・カルチャーを体現しようとしていますが、「ホスピタリティの体現者」として尊敬している存在がいます。

それは「ももクロ」こと「ももいろクローバーZ」です。

私はももクロのファンで、年に何度もライブに足を運ぶぐらい、のめり込んで応援しているのですが、彼女たちには「損得勘定よりホスピタリティ優先」の文化があるように見えます。

2018年に北海道で大きな地震（北海道胆振《いぶり》東部地震）があったとき、その約2ヵ月後に、ももクロは北海道で無料ライブを開きました。

なぜ2ヵ月後かというと、現地が落ち着いてから行ったほうがいいという判断があったそうです。しかもメディアは一切入場禁止でした。

メディアを呼べば「こんな活動をしています」とアピールになりますが、それはしないのです。なぜならメディアのためのスペースを空けるぐらいなら、一人でも多くのファンに会場に入ってもらいたいから。

だから、ももクロが北海道で無料ライブを行ったことは、メディアではほとんど報じられていません。本当に「その人たちのためだけ」に開いたのです。

この話は『ももクロ春夏秋冬ビジネス学』（小島和宏著・ワニブックス）という本に詳しく載っています。

彼女たちを見て、真のホスピタリティを学んでいます。

カルチャーに合わない人がいる場合

では、もしもカルチャーに合わない人が社内にいる場合は、どうすべきでしょうか。

私は、もしそういう人がいたら、カルチャーに合っていないということをきちんと指摘すべきだと思います。

akippa社のバリューに「すべてを自分ごととして行動する」という項目があったのを覚えているでしょうか。

もしも、「あの人はカルチャーに合わない言動をしているけれど、私には関係ないから黙っていよう」というなら、それは「自分ごととして」考えていないことになります。

とはいえ、伝え方は非常に難しいものです。

評価面談などの際に「あのときのこの行動は、もっとこんなふうにもできたよね」と伝えるのが、相手も納得しやすい指摘だと思います。

カルチャーは「会社と個人の相性」のようなものだと言えるかもしれません。ですから、できるだけ合うように調整したほうがいいでしょう。

採用や人事評価でもバリューやカルチャーの適合を確認

バリューやカルチャーは人を採用するときの基準にもなります。どれだけスキルが優秀でも、バリューやカルチャーが合わなそうだと判断した際は、採用を見送ることにしています。たとえば面接のとき、「当社のバリューは『常に全力でやりきる』です。過去にあなたが全力でやりきった、最も泥臭い仕事を教えてください」と聞くようにして、その際の応募者の反応を確認していくと、バリューに合った人を採用できるようになっていきます。

他の例も挙げて解説すると、過去の失敗をすべて他人のせいにして話す人は、その出来事を「自分ごと」にできていません。つまり「すべてを自分ごととして行動する」というバリューを実行できていないことになります。

そういう人よりは、「失敗したのは自分にもこんなよくないところがあったからなので、それをリカバリーするように努めました」と語れる人を採用します。

入社後の評価においても、バリューやカルチャーに向けて行動できていなければ、高い評価にはなりにくい仕組みになっています。

人事評価は半年に1回、中間面談は3ヵ月に1回、マネージャーとメンバー間で行います。中間面談では、たとえばバリューであれば、評価項目ごとに、「これを全力でやりきることができたかどうか」「広い視野を持てたか」「自分ごとにしていたか」について、自己評価を聞くことにしています。つまり3ヵ月に1回、バリューを意識した行動ができていたかどうかを振り返る機会があるということです。

「まだまだ全力とは言えないかもしれないな」「視野が狭くなっていたかもしれない」と自分で気づいたら、「じゃあ、残り3ヵ月は全力で行こう」と明確な目標設定が可能になるのです。

第9章

プロダクト

金谷元気　代表取締役社長CEO

プロダクトをつくろう！
しかし、エンジニアが社内に一人もいない

現在は大手企業となったアメリカのテックカンパニーの多くは、創業者自身がもともとエンジニアである場合や、趣味でコンピューターをいじっていて、自らサービスや製品を開発したパターンが大半を占めます。

マイクロソフトのビル・ゲイツ氏、アップルのスティーブ・ジョブズ氏、アルファベットのラリー・ペイジ氏とセルゲイ・ブリン氏、そしてメタのマーク・ザッカーバーグ氏……例を挙げれば、きりがありません。

私はエンジニアでもなんでもないし、コンピューターのことなど何もわかりませんでした。

それに加えてアキッパ開始時は、社内にはエンジニアが一人もいない状態でした。

とにかく、まずはサービスをつくってくれるエンジニアを探そう。

誰かエンジニアに知り合いはいないか。

そこで頼ったのが、大阪の本町にある「オオサカンスペース」というコワーキングスペースでした。「オオサカンスペース」はフリーランスの人が仕事場として利用しているコワーキングスペースで、フリーのエンジニアやデザイナーの方々も利用していました。

その「オオサカンスペース」を運営している大崎弘子さんと知り合うことができたのは、大崎さんが主催している「IT飲み会」に参加したことがきっかけです。

その縁もあり、大崎さんに「こういうサービスをつくりたいのですが、どういったエンジニアの方がいいですか?」と相談し、エンジニアを紹介してもらいました。

私たちは、口頭で説明するだけではアキッパのイメージをわかりやすく伝えられないと考え、模造紙にスマートフォンの画面を描いて、「ここを押すと、こうなります。こういう機能をつくりたいんです」と紙芝居形式で相談をさせてもらいました。

するとエンジニアの勇さんが、「面白そうですね。やりたいです」と言ってくれたのです(勇さんはいまも業務委託メンバーとして関わってくれています)。

デザインに関しても、同じコワーキングスペースにいたデザイナーのnaoさんが、手を挙げてくれて、半年後のサービス開始を目指して開発していくことになりました。

その半年後の2014年4月にアキッパをリリースすることができました。

第1章でも書いたように、大規模展開を目指すインターネットサービスには「完成」がありません。たとえば何千万人もが使うサービス、メルカリでは、機能のアップデートや運営をするために、何百人ものエンジニアが現在も働いています。

もし完全なる外注にして「完成して納品」のような形でプロダクト開発を始めてしまうと、成功の難易度は大きく高まります。

当時、われわれはエンジニアの勇さんに週3回ほど出社してもらって、自分たちが横にいて、いつでも話ができる状態でつくってもらいました。機能をどのように構築するか、その場でディスカッションしながら決めていくためです。

プロのエンジニアを採用したものの……

開発に着手した際は、以下のような体制でした。

- **プロデューサー**：金谷元気（創業者／代表取締役）
- **ディレクター**：松井建吾（共同創業者）
- **プランナー**：藤野佳那子（駐車場の困りごとを出した社員）
- **エンジニア**：勇さん（オオサカンスペースで知り合う）
- **デザイナー**：naoさん（オオサカンスペースで知り合う）

プロデューサー、ディレクター、プランナーは全員が素人ながら、付け焼き刃で学びながら奮闘していました。

それでもプロダクトとして世に出すことができました。

次のフェーズに行くうえで「スペシャリストの社員採用をしていこう」という方針が決まりました。

しかし、その後はエンジニアチームの組成に失敗し続けました。

大手テックカンパニーから転職した人など、数名のエンジニアが入社しましたが、私たちはずっと営業会社としてやってきたので、エンジニアという職種の特性がまだ理解できていませんでした。

私たちの理解不足もあり、カルチャーマッチも難しかったのです。より正確に表現すると、「流派の違い」と言えるかもしれません。

私たちは「とにかく売上を伸ばしたい」という発想にどうしても陥っていました。だから「こういう機能があれば営業で契約を取りやすくなるから、こういう機能をつけてください」という話をします。

しかしエンジニアからすると、売上につながるかどうかわからないけれど、ユーザーのためにアップデートしたい。意見が対立しました。

もちろん短期的な売上につながる施策も必要です。

しかし、長期的にはユーザーのためになる施策や安定的にシステムを運用できる基盤づくりも必要です。「0か100か」ではなく、絶妙なバランスをとる必要があります。

アキッパの開発では、そのバランスを見極めるために、非常に苦労しました。

いまにして思えば、かつてのエンジニアチームは、「社内受託」のようになってしまっていました。駐車場開拓営業チームが「こういう機能が欲しい」と言ったら、それに従ってつくるだけ。サービスを共に発展させていく仲間なのに、営業文化が強いことで「言われたことだけやらざるをえない」という雰囲気になっていたのかもしれません。

当時のakippa社には「プロダクト」によりユーザーの行動を変容させて成長する、プロダクトドリブンな成長がありませんでした。

どれだけおいしいラーメン屋さんでも、広げなければ売上は1店舗分です。一方で、おいしくないラーメン屋さんをチェーン展開しても、リピーターが獲得できずにコストだけがかかってつぶれてしまいます。やはりおいしいラーメンをつくるということと、全国に店舗を増やしていくことの両方をやっていかないと、持続的に大きくは広がりません。

私たちは、がむしゃらに駐車場開拓をすることで、アキッパを全国に広げていくことはできました。ですが、いいものをつくる、「おいしいラーメンをつくる」という点はできていませんでした。

社外取締役である原田明典さんの助言もあり、このままではダメだと、プロダクトドリブンとビジネスドリブンの両輪で成長すべく、2021年に「プロダクトと向き合い、真のテックカンパニーへ進化します」と宣言しました。

社内だけでなく「note」などで対外的にも発信しました。そしてエンジニアの採用も強化していきました。

それから約3年、現在、プロダクトグループは業務委託メンバーも合わせて25人ほどになっていて、まだまだ拡大中です。

これは2016年に入社し、現在は執行役員CPOとなっている井上直登《いのうえなおと》の尽力が大きかったです。

井上がどのようにチームビルディングをしたのかは、本人から語ってもらいたいと思います。

井上直登　執行役員CPO

マネジメントには興味がなかった。しかし、同僚が「会社を辞めようか……」と悩んでいた

私は2016年にakippa社に入社しました。新卒で東京の「ドリコム」というスタートアップに入社し、10年間、インターネット広告サービスや教育系のアプリケーションをつくっていましたが、2人目の子どもが生まれるタイミングで地元である関西に戻りたいと思うようになり、関西のほうで転職先を探していました。

そのころ関西には面白いと思える会社がほとんどありませんでした。いまでこそ何社か出てきていますが、当時は本当に名前の知れたスタートアップは皆無でした。

そんな中で唯一見つけたのが、akippa社でした。

転職エージェントに「この会社とつないでください」と自ら頼んだことを覚えています。

最初はディレクター（現プロダクトマネージャー）のポジションで入社しました。アキッパのア

プリケーションやサービスの企画、要件定義をしたり、開発や駐車場開拓営業との調整などをしたりする企画部門です。

それまでakippa社には、Webサービスやモバイルアプリをつくるような人がいませんでした。金谷、共同創業者の松井、アキッパの発案につながる「困りごと」を出した藤野をはじめとするメンバーで、いろいろな機能を企画したり、エンジニアに依頼をしたりしていたそうですが、そこに専門職の人間として私が入社した形です。

その後、当時まだ10人ぐらいのプロダクトチームの中で、新機能や機能アップデートの企画を中心にいろいろ要件定義したり、新しいことを考えてチャレンジしたりしていました。

3ヵ月ほどディレクターとして働いた後、エンジニアなども含めてマネジメントをするポジションに就き、1年ぐらい多岐にわたる取り組みを実施しました。

このタイミングではうまくいかないことが続き悩んでいたのですが、そんな時に、優秀なエンジニア出身のマネージャークラスの人が入ってきました。

当時は金谷の「真のテックカンパニー化宣言」の前で、プロダクトでインパクトを出せるようなことがほとんどありませんでした。そのため、どちらかというと会社全体の戦略や、事業開発、駐車場開拓営業と一緒に何かをやるようなことに伸びしろがあるのではないかと思い、一旦プロダクトチームを離れて、事業開発寄りのポジション、経営企画などのポジションに2年ほどいました。

その後、共同創業者の松井と一緒に「新規事業を立ち上げよう」という話になり、アキッパ事業にもシナジーがある、新規事業をつくる準備を始めました。

いよいよある程度方向性が定まってきて、予算取りや実証実験をしたりして「これでいこう！」というときに襲ってきたのが新型コロナウイルスでした。

新規事業を立ち上げる余裕がなくなってしまったのです。

しかも、そのタイミングでプロダクトに知見がありプロダクト開発部門の組織が半分崩壊してしまいました。

私以外に、プロダクトに知見がありマネジメントもできる人間がいなかったので、「もう1回プロダクトに入ってくれないか」と金谷やアキッパ事業のメンバーから言われました。

ですが、私はあまりマネジメントが好きではなく、新しい事業を開発していく、言ってみれば「切り込み隊長」タイプだと自身で感じていました。

とはいえ、一緒に働いてきたエンジニアたちがすごく悩んでいて、「会社を辞めようか」とまで言っている、切迫した状況でした。

「では、期間限定で。とりあえず止血するぐらいのことはやります」というような感じで、プロダクト部門の責任者になりました。
ちなみにアキッパの事業運営には、大きく三つの部門があります。

1 プロダクト部門
2 駐車場開拓部門
3 オペレーション部門

オペレーション部門では、駐車場開拓部門がとってきた案件をアキッパのプラットフォームに掲載したり、カスタマーサポートなどを行います。

私はアキッパのプロダクトづくりを担うプロダクト部門の企画から開発まで、すべてを見る立場になりました。

チーム崩壊の危機

プロダクト部門に移り、チームの再建にあたることになりましたが、いい状態ではありませんでした。

まずプロダクト部門のメンバーと、経営陣や当時のマネージャーとの信頼関係が構築できていませんでした。一部のメンバーには不信感も募っている。メンバー同士でも価値観や考え方にずれが生じていて、ぶつかることが多い。当然、チーム全体のモチベーションが低下し、アウトカム（成果）が減少する。退職者が続く。

ですが、私にはこの状況はやりやすかった。

なぜなら問題がわかりやすかったからです。

メンバー間で納得できないことがあったら、「いや、もっと話そう」と言って、話し合うのは当たり前だと思うのですが、そんな当たり前のことすらできていなかったのです。

ということは、当たり前のことをすれば解決できる。

それならむしろ簡単だと思えたのです。

もっとシンプルに、エンジニアとマネージャーの距離を近づければいい。エンジニア同士のコミュニケーションの機会も増やせばいい。そうすればいまよりは全然いいチームになる。だから事態の深刻度に比べて、改善の難度は低かったのです。すぐに「止血」ぐらいはできそうだなと思えたのも、引き受けることを決断した理由です。


とはいえ、私も前職では大なり小なり組織の問題にぶち当たってきましたが、ここまで崩壊しそうなチームはありませんでした。

どのスタートアップもそうかもしれませんが、会社の成長に合わせて組織も成熟していくものだと思います。

それで言うとakippa社はまだアンバランスなところがありました。会社の規模が急激に拡大しているのに、プロダクト組織の成熟がそれに追いついていませんでした。そのひずみが顕在化したのかもしれません。

問題の原因を一言で表現すると、コミュニケーション不足でした。本当にそれだけです。

当時のマネージャーは「もうみんなに任せるから」とメンバーに言って、チームの朝会にもいなければ、定例ミーティングにも顔を出さない状況でした。もちろんメンバーの問題もありました。

私が新たなマネージャーになるにあたって示したのは「まずは定例会をちゃんとやりましょうか。私はそこにちゃんと顔を出します。話も聞きますよ」というスタンスです。当時のマネージャーを責めるつもりはまったくありません。彼には彼の考え方があり、言い分もありました。

彼が言うには、「自分は経営陣とコミュニケーションをして、あえていまのスタンスをとっているのだ」という。つまり、「いまのakippa社の目指すビジョンを達成しようと思うと、このチームじゃ駄目だ。だからいまはあえて野放しにして、それでもついてこられる力のあるメンバーとだけ一緒にやりたい。そのために、あえて放置しているんだ」という考え方でした。

ひょっとしたら組織が崩壊することも、彼の想定内だったのかもしれません。

「でも経営陣に話を聞いたら、そこまで求めていないよ。やはりちゃんといまのメンバーでやらなければいけないこともある。成長していかなければいけないのも確かだけれど、そこまでドラスティックな大手術は求めていない」と話しました。

その誤解も彼自身の問題というより、経営チームとのコミュニケーションの足りなさが理由でもあるので、それも含めると、組織全体が未熟だったということなのでしょう。

メンバー同士の関係もぎくしゃくしていました。

ちょうどパンデミックの影響でリモートワークになったこともあり、コミュニケーションがとりづらくなっていました。

そのせいで、ある問題を積極的に解決しようとしているAさんがいても、リモートワーク環境で入ってきた人は、Aさんをよく知らなかったり、仕事の中でちょっと気まずい関係になっていると、Aさんのやろうとしていることに距離を置いてしまったりする。そうすると、Aさんからすれば「なんでみんな、もっとこの問題にチームとして取り組まないんだ」と不満を覚えてしまう。

そういった価値観や考え方、行動のずれが重なって、メンバー同士でも疑心暗鬼になっていました。

ただ、仕事だから、とりあえず言われたことはやる。コードを書いて、機能をリリースする、というように成果物は出すのですが、そこから得られる現実の成果まで意識して仕事ができていませんでした。

この仕事をしたらユーザーがこれだけ喜んでくれたとか、売上がこれだけ伸びたとか、そこまで意識するような開発はしていなかったという、そういう状況でした。

チーム崩壊の危機を起こした原因

このような状況にまでなってしまっていたのは、開発チームの外にも要因がありました。

それまでakippa社では駐車場開拓営業の担当者が多く、「営業力でどう業績を伸ばすか」というところにフォーカスが当たっていました。その中で「プロダクトチームはどういう位置づけなんだっけ」ということが、ふわふわして、定まっていなかったのです。

本来はユーザーのニーズを拾い上げながら、「こういう機能が必要ですよね」と社内で議論してつくっていくのがスタートアップのサービス開発だと思います。

そうではなくて、駐車場開拓営業部門から言われたことをやる。言われなかったら粛々とソースコードをきれいにする、みたいなことしかできないような状況になっていました。

前職のドリコムでは、アプリをつくるときは、まず「このゲームでこういう世界をつくるんだ」という世界観を描いて、そこに向けて開発を進めていきました。

しかし、当時のakippa社は「アキッパのプロダクトとして、こういう世界観をつくっていくんだ」ということを、わかりやすく提示できていませんでした。「駐車場開拓営業担当者がこう言うから」といった、言われるがままに開発していく社内受託的な開発しかできていなかった、ということです。

経営チームとしても、「プロダクトにどういうことをしてほしいか」が正確に位置づけられていませんでした。

逆にエンジニアが主導して「こうしたほうがいいんじゃないか」と意見を言おうとしても、それがしにくい組織構造になっていたと思います。なぜならCTOのような技術の専門家が経営チームにはいませんでした。そのため、どうすればプロダクト技術で事業を大きくするかを描けていませんでした。

それもうまくいかなかった理由です。

スタートアップの開発というのは、最初に「こういうプロダクトをつくりたい」というゴールがあって、そこに向けて進んでいくやり方と、いろいろなチームからの「こういうものをつくりたい」という意見を反映させるやり方の両方を合わせつつ、優先順位を設定して開発していくのが理想的です。

しかし当時のakippa社には、前者の感覚を持つ事業会社出身のエンジニアと、後者の感覚を持つ受託会社出身のエンジニアが混在していました。

一方の開発スタイルしか知らない人は、過去に自分が経験したやり方だけを「こういう開発が正しいんだ」と思ってしまう。だから意見がぶつかってしまう。

メンバー同士が「正しいこと」を言い合い、正論で殴り合って荒れていたのが実情でした。

心理的安全性が担保されたチームをつくる

ここからは私の行ったチームの立て直しについて述べていきます。

まず、「チームがどのような状態になってほしいか」という当面のゴールを設定しました。

「私とメンバー、そしてメンバー同士の信頼関係を構築し、心理的安全性が担保されたチームをつくる」

これが止血期に設定したゴールでした。

まずはチームとしてまとまる必要があります。

私と個々のメンバーがコミュニケーションできるようになるだけでは不十分で、メンバー同士の信頼関係がない状況ではいいプロダクトはつくれません。

このころ私がよくチームメンバーに言っていたのは、「いいチームからしか、いいプロダクトは生まれない。まずはいいチームをつくろう」ということです。

「いいチーム」というのは、まずは最低限、心理的安全性が担保されているチームです。

「でもいまはそれがなくなってしまっている。だからこれから構築していこう」という話をしていました。

チームのバリューを制定する

心理的安全性を高めるために最初にしたことは、チームバリューの制定です。

さきほど申し上げたとおり、当時は共通の価値観や判断軸がなく、個人個人の正論で殴り合う状況でした。チームとして大事にする共通の物差しで議論できるように整備していく必要がありました。

当時、すでにakippa社には会社としてのバリューはありましたが、会社全体の言葉というのはチームを単位としたときは抽象度が高い場合があり、解釈が難しいことがあります。

たとえば当時は〝Win By Team〟というバリューを会社全体で掲げていましたが、この言葉一つとっても、人によって解釈がずれたりしていました。

「プロダクトにとっての〝Win By Team〟とはこういうことだ」と言語化する必要があると思いました。

しかし私がそれをトップダウンで決めてしまうと、押しつけになってしまいます。

そこでメンバーに「チーム単位でバリューを具体化させたいんだけどやってくれる人いますか？」と聞いて、手を挙げてくれた人にオーナーシップをもって考えてもらい、「自分たちで考えたものだから、自分たちで大切にしようぜ」とメンバーに意識づけしました。

他にも〝Think and Rush〟というのも会社で定められていた言葉です。

「最短を考える」「最速で走る」という意味ですが、こう言われても、「そりゃそうだけど」と思うばかりで、なんだかピンとこないでしょう。

そこで、エンジニアが〝Think and Rush〟を体現したらどういう行動になるかを言葉にしていきました。エンジニア自身が日々の業務の中でグッドな行動はこれ、バッドな行動はこれ、というように一つずつ噛み砕いていきました。

このように会社のバリューから紐づけて、チームのバリューをつくることは、メルカリなどでも行われています。

akippa社はこういう施策をやっていなかったので効果がありました。

バリューを定めると、パフォーマンスが悪いメンバーに対して「ここができていない」と伝える際の説明材料にもなります。

またチームバリューができたことで、意見の違いがあったとしても、「自分たちが大事にするバリューはこれだから、もっとこうすべきじゃないか」という建設的な議論が生まれたり、言われたことをやるだけでなく、ユーザーと向き合って、ユーザーに必要とされるものをつくっていこうという自発的な行動が少しずつ増えていきました。

メンバーと話す機会をとにかく増やす

チームバリューの制定の次は、とにかく話すことを心がけました。

私と個々のメンバーとの会話を増やすことはもちろん、メンバー同士の横のコミュニケーションの機会を増やすように心がけました。落ち込んでいたメンバーと一緒にラーメンを食べに行ったり、朝会で雑談の時間を設けたり。

朝会はオンラインで行っていますが、いきなり「雑談をしよう」といっても盛り上がらないので、あらかじめその日に雑談するテーマを決めておきます。

テーマの例は、「今年買ってよかったもの」「好きな調味料」「好きな旅行先」「いまの推し」など。仕事の話をしているだけではわからない相手の意外な一面を知ったり、自分との共通点を知って親近感がわいたりするなどの効果がありました。

とはいえ、最初から和気あいあいとはいかなかったのも事実です。

朝会のときにずっと下を向いて、会話に参加しなかったメンバーもいました。コロナ禍やリモートワーク環境での孤独感で精神的に参ってしまっていたようでした。

雑談の機会を設けたからこそ、そのメンバーの状況を理解できて、状況の改善に向けたサポートを行うことができました。

それからどんなに忙しいときでも、1on1の時間は、メンバーが必要とするだけ確保しました。「相手と向き合うための時間は惜しまない」という姿勢を示して、メンバーとの信頼構築に努めたつもりです。

仕事とはまったく無関係に、メンバー同士で遊ぶことも大事だと思います。

あるとき朝会のテーマに「ボードゲーム」を提案してきた、ボードゲーム好きが何人かいました。メンバー約10人中、3~4人がボードゲーム好きという比率の高さ。当時はコロナ禍でしたが集まれる機会があったので、そのときにおすすめのボードゲームを持ってきてもらって、一緒に遊んだこともあります。

それから私は釣りがすごく好きなのですが、釣り好きのメンバーもいたので一緒に釣りに行くなど、そういう仕事以外のコミュニケーションもとるようにしていました。

マネジメントのやりがい

とりあえず「出血」を止めるためにできるだけのことはやっていましたが、果たしてチームがどの程度よくなったのか、取り組みの成果を知りたいという思いがありました。

それをメンバーに対しても、経営陣に対してもわかりやすく伝えたかったので、メンバーたちに聞いてみることにしました。自分が聞くとメンバーにプレッシャーがかかるので、HRチームに、メンバーと面談してもらうことにしました。

「前と比べてどうなったかをスコアリングしてほしい。10点が20点になったのか、30点が20点になったのか、ざっくりしたレベルでいいから、感想を聞いてほしい」

すると、人によって点数は違いましたが、それぞれ30点が50点ぐらいになったり、50点だったのが80点になったりと、まずは全員がプラスでした。

とりあえず一安心です。


また、心理的安全性が高くないとできないようなことも、自然とチームから生まれてくるようになったのもこのころでした。いつものように、朝会のテーマをSlackで募集すると、あるときメンバーの1人からこんな提案がありました。

「無謀にも大喜利に挑戦してみようと思います。最短で終わるかもしれません。〝こんなアキッパは嫌だ、こんな駐車場は嫌だ、この人アキッパのユーザーかな？　なぜそう思った？〟」

やってみると、爆笑できるような回答はありませんでした。

ですが、みんなで大喜利をやるという状況は面白かった。

こういうちょっとふざけたテーマを出すのは勇気が必要ですが、こんなテーマが出てくるとは、心理的安全性の閾値を超えたと思いました。


もちろん人によっては、「こういうチームのイベントは面倒くさい」とか、「休みの日まで会社の人と顔を合わせたくない」というタイプもいると思います。

ですから基本は強制参加ではなく、任意参加です。

前述したボードゲーム大会のときも「これも業務の一環だから、つべこべ言わずに来てください」と命令するのではなく、かといって「来てほしい」と頼むわけでもなく、「こういうことやるから、来たい人は来てください」と言うだけです。

私としてはリトマス試験紙のように、「どこまでチームがよくなっているのか」を見たくて試しにやってみたところもあります。ボードゲームに来た人の数で、どれくらい「いいチームになっているか」を測りたかったのです。

だから来なければ来ないで全然いい。強制ではなく自由だけれど、参加したくなるような企画を立てるのが腕の見せどころでしょう。強制でやるのは簡単ですが、企画そのものの魅力でどれだけ参加率を上げられるかを楽しむほうが健全だと思います。

「ボードゲームには行かないけど、飲み会なら行くよ」とか、「釣りだったら毎週でも行きたい」という人もいます。そういうふうに、希望がはっきりしている人は個別に機会を設けたりしていました。

また私自身も、このあたりでマネジメントの仕事の楽しさがわかってきました。

メンバーと関わる中で、「このメンバーと一緒にアキッパをもっといいものにして、スケールさせていく」ことに強いやりがいを感じるようになっていたのです。

社長が「決断の本気度」を社内で示す効果

ここまでは、組織を再生させるためにできることはなんでもやるという状況でした。次のステップはスタートアップの開発チームにふさわしい、プロダクトドリブンなチームに向けて土台をつくっていった時期です。

追い風となったのは、2021年10月に金谷が、「プロダクトドリブンな経営にしていく」と社内に宣言してくれたことでした。

そのおかげでプロダクトチームの位置づけが明確になりました。メンバーも安心しましたし、私がメンバーに発する言葉にも説得力が増しました。

つまりメンバーからしてみたら、「井上さんはこう言っているかもしれないけれど、金谷さんがそう思ってなかったら意味がない」というようなことがなくなったのです。

最高のタイミングで宣言をしてもらえたと思います。

akippa社のような、もともとテックカンパニーではない会社では、こういった宣言をトップ自らが行うことが必要だったのでしょう。

さらにすごいのは、社長の金谷が「プロダクトドリブンの会社にするには、社長もプログラミングをわかっていなければいけない」と言って、プログラミングを勉強していたことです。だから私はメンバーに、「多忙な金谷さんが、プログラミングの勉強をしているんだよ。どこまでできるかわからないけれど、エンジニアのことを理解しようとしているのは間違いない」と伝えることができました。

これはすごく助かりました。

メンバーの意識をプロダクトドリブンに変えていく

この時期は、「自分たちで理想のプロダクトを考えてつくっていく」というアクションがまだまだ足りていなかったと思います。

そんなときは大きな目標をいきなり提示してハードルの高いチャレンジをするよりも、使い古された言葉かもしれませんが、小さな成功体験を積み重ねたほうがよいのです。

そこで、とにかく明確な効果が現れる施策をいくつか行うことにしました。

通常は事業に与えるインパクトの大きさと、実現可能性の高さで、開発項目を考えると思います。しかし事業に大きなインパクトを与え、なおかつ実現可能性も高いものはそうそうありません。

そこで、事業インパクトはそこまで大きくなくてもいいから、わかりやすく成果が出るものに挑戦することにしました。「画面のボタンの色を変えれば、もっとクリックされるはず」というような、わかりやすく成果が出そうなことからやってみることにしたのです。

たとえばアキッパには「バリュープラス」というオプションサービスがあります。この有料オプションプランに加入していると、他の人より早く予約でき、クーポンがもらえるという特典があります。

コロナ禍前から「先行予約機能」としてあったオプションで、以前はイベントなどで駐車場を利用するユーザーが予約争奪戦に勝つために多く加入していました。

しかしコロナ禍でイベントが減ってしまうと予約争奪戦もなくなって、加入者が減っていました。しかし、アキッパ全体の利用目的を見ると、通勤などの日常利用で頻度高く、駐車場を安く使いたいユーザーは増えていました。

akippa社にとっても、オプションプランの加入者増は、わかりやすく売上につながります。

「これをもう1回テコ入れしよう。先行予約機能に加えて、クーポンをもらえて割引になる機能を推そう。そうすればきっとユーザーが増えるから」

そして2021年3月に「バリュープラス」としてリニューアルしたところ、新規登録会員が一気に約3倍になりました。

その後のコロナ禍からの戻りも加わって、現在はオプション利用ユーザーがものすごく増えました。

とはいえ、実は大したことはしていません。ページのデザインを変えて、訴求するメッセージを変えただけです。

ですが、それだけで、こんなにユーザーはわかりやすく反応してくれる。

「自分たちでユーザーの困りごとになっているところを考えて改良するだけで、こんなに変わるよ」とメンバーに伝えました。売上としてはそれほどではないけれど、利益としてはインパクトがありますし、小さな成功体験でもメンバーはやはり嬉しい。

「自分がやったことがちゃんと成果になる」という体験を積み重ねていくことで、メンバーの仕事に対するモチベーションも上がりました。

スクラム開発の実践

開発のスタイルも、スクラム開発という、いまどきのものに変えました。いまどきといっても別に新しいことではなく、むしろすでにほとんどのスタートアップがスクラム開発を実践しているかもしれません。

アキッパではそれまで、3ヵ月くらいの計画を立てたら、上流から下流に工程を進めていくウォーターフォール式でした。企画者が考えて、デザイナーが画面をつくり、エンジニアがプログラミングしてリリースする開発スタイルです。

一方、スクラム開発というのは、みんなで「何を先にやるべきか」という優先度を定めたり、みんなでつくったものをワイワイとレビューしたりしながら（アキッパの場合）2週間単位でサイクルを回して、いいプロダクトをつくるプロセスにしていくという開発スタイルです。
そういうモダンなWebサービスの開発スタイルを取り入れて、プロダクトとの向き合い方を変えていきました。

スクラム開発でつくっているのが、アキッパの駐車場オーナー向けとなる「オーナーモード」（現在はベータ版として一部駐車場オーナーに提供中）です。アキッパにはドライバー向けのアプリは以前からありましたが、駐車場オーナー向けにはWebサイトしかありません。「もっと手軽にアプリで操作したい」という声を駐車場オーナーから数多くいただいていたので、これに取り組むことにしました。

開発の際、特にこだわっているのはUI（ユーザーインターフェース）です。なので、オーナーモードでは、「これがアキッパのイケているUIだ」と、自信を持って発信できるものにしようとメンバーに伝えました。

スクラム開発で2週間ごとにデザインを出したり実装したりを繰り返して、自分たちが納得感のあるUIになるまでブラッシュアップしていきました。

正式リリースはこれからではありますが、結果として、とてもいいプロダクトができあがったと自負していますし、アキッパの開発の歴史の中で、ここまでこだわったのは初めてなのではないかと思います。

それにしても、振り返って改めて思うのは、人の意識を変えるには一定の時間を必要とするものだということです。


スクラム開発を導入したとき、メンバーから返ってきた感想は、「いままで3ヵ月スパンで考えていたことが、2週間サイクルになっただけでしょう」というものでした。

やり方を変えたあと、メンバーの意識が変わるまでには、半年から1年ぐらいのギャップがあると思います。だから、それまではリーダーが踏ん張らなければなりません。

仮にメンバーから「スクラム開発の意味ってあるのかな」と言われても、「いや、これが今は正しい。結果が出るまで、これでやってみよう」と覚悟を示してやりきることが大事です。


人間は、自分の目で結果を確認しないと、いま、取り組んでいることの成果がどう出るのかを理解できないところがありますが、実際に結果が出れば、「このアプローチで間違っていないんだ」と実感してもらえます。

オーナーモードは1年ぐらいかけて開発していますが、エンジニアの意識が変わったのは、ベータ版のリリース後にアプリユーザー（駐車場オーナー）からの反応を実際に見てからでした。

アンケートを取ったらものすごく高い満足度だったのです。

ユーザーインタビューにはエンジニアにも同席してもらいました。「もう、まさに欲しいと思っていたものがすべてできていた。もう言うことはありません」という言葉をもらうことができ、エンジニアは「やっぱり、やってよかった」「アプローチを変えた甲斐があった」という感想を抱いたようです。

結果として、チーム内はもちろん、チーム外にもプロダクトドリブンな成長の重要性が伝わりましたし、開発の優先度設定などへの理解が深まり、メンバーのモチベーションも高まって、これ以降は離職がなくなりました。

メンバーからも少しずつ「こうしたい」「こういう機能が必要なのではないか」という意見が出てくるようになりました。

「プロダクトロードマップの策定」「組織体制の変更」「採用の強化」に着手

2022年7月ごろから、ようやく成長期と呼べるフェーズに入りました。この時期のゴール設定は「プロダクトドリブンな事業成長の実現」。やったことは大きく分けて次の三つです。

- 「プロダクトロードマップ」の策定
- 組織体制の変更
- 採用の強化

プロダクトロードマップとは何かというと、1年後、2年後、3年後に、どういうプロダクトにしていきたいかというビジョンを示すものです。つくりたいプロダクトに対して、どういう技術が必要になってくるのかも併せて肉づけしていきました。

まずはアキッパを世の中にもっと広めていくための、プロダクトチームのミッションを言語化します。「テクノロジーとデザインで、事業も会社の組織もドライブさせていくのが私たちの役割だ」というミッションを掲げました。

会社の事業戦略ともリンクしていますが、今後、私たちが目指すのは、予約可能な駐車場を常時10万件、会員登録数1000万人です。

現時点の実績は駐車場数が常時4万件、会員登録数400万人となっていますが、駐車場数10万件、会員登録数1000万人を3年で実現しようと目標設定しています。

そのためには非線形の成長をしなければいけませんから、私たちも常に非線形の思考で企画を考えていこう、というわけです。

そしてプロダクトロードマップができあがると、次に「テクノロジーロードマップ」をまとめました。自分たちが目指すプロダクトのビジョンを実現するために、どういったアーキテクチャや要素技術が必要になるかを1年後、2年後、3年後という単位で考えました。

たとえば、この時点でＡＩを導入する必要があるとか、ここまでに技術的負債を解消して理想のアーキテクチャに近づける必要があるといったことです。テクノロジーロードマップがないとプロダクトのビジョンは絵に描いた餅になり、永遠に実現できないと思います。

つくりたいプロダクトの形と、そのために必要な技術が固まると、組織の形もおのずと定まっていきます。

それまでは私がマネージャーで、その下にエンジニアのチーム、デザイナーのチーム、企画のチームがあるというように、職種別の縦割り組織でしたが、アキッパのアプリに持たせたい機能を「ドライバー向け」「オーナー向け」と分けたので、組織もそれに応じて組み直しました。

「ドライバー向けプロダクト」をまとめるプロダクトマネージャーが率いるチーム、「オーナー向けプロダクト」をまとめるプロダクトマネージャーが率いるチーム、そして社員全員が使う共通基盤の管理画面（キャパシティの掲載を行う管理画面や、akippa社のコーポレート部門が使う管理画面など）のチームです。

それぞれのプロダクトで向き合う相手が明確になったので、それらのユーザーが抱える課題をどう解決していくか、その優先順位をどう設定するかを考えやすくなりました。

組織の形を変えたら、足りない人を補充していきます。

このあたりから、エンジニアの採用も見直しました。プロダクトドリブンである以上、会社の採用予算はある程度プロダクト部門につけようということを、経営方針として重みづけしてもらえたのです。

コロナ禍でまだまだユーザー数が戻らない厳しい状況でしたが、必要な人数の採用枠を確保できたので、HRの採用チームと連携しながら採用活動を進めていきました。

過去には、エントリー時のカルチャーフィットやバリューフィットのチェックが甘く、せっかく入社してもらったのにあまりなじめないという状況も生まれてしまっていました。同じ轍を踏まないように、HRを中心に入社後のフィットを採用段階でどう見極めるかを検討し、採用プロセス全体を見直しました。

そして、選考プロセスにおける社内の役割分担を明確にしました。1次面接では、エンジニアがスキルチェックをし、2次面接以降でカルチャーフィットやバリューフィットを確かめます。

2次面接では、1次面接とは違い志望動機などはあまり聞きません。たとえば、「人生で一番古い記憶は何ですか」「なぜそれが記憶に残っていますか」「学生時代に熱中していたことって何ですか」「その中でハイライトを三つ挙げるとしたら何ですか」というように、大事にしている価値観や、仕事をする中で叶えたいことなどを掘り下げて質問をさせていただくことで、akippa社と合うかどうかをチェックします。

私はチームマネージャーとして、チームのカルチャーフィットを見ていました。

一番大事なのは、やはり「物づくりにワクワクできる人かどうか」です。

たとえば「自分のスキルがこれだけ発揮できる」「気の合う人と働ける環境に行きたい」など、そういうところが先行する人は、大変心苦しかったのですがお見送りさせてもらいました。

自分のつくるプロダクトで、どれだけ世の中の課題を解決できるかという志向性があることは最低限の採用条件です。

採用体制を整備した後は、採用したい人数を無事採用できていますし、このとき入社してくれたメンバーは第一線で活躍し続けてくれています。


金谷の話にもあったと思いますが、以前のakippa社には、エンジニアに「入社したい」と思わせるような採用のブランド力がありませんでした。

東京のスタートアップは給料も高く、優秀なエンジニアが社内にたくさんいます。そういうところと、私たちは勝負しないといけませんでした。

そこで少しでもakippa社を知ってもらうために、自分たちで「akippa Tech Park」というイベントを主催することにしました。

イベント第1回は2023年に行い、テーマは「急成長企業のCTO・VPoEが語る、開発における攻めと守りのバランス」にしました。

施工管理ソフトの「ANDPAD」や、ネットショップ作成サービスの「BASE」、クラウド人事労務管理の「SmartHR」など、採用力のある有名な会社のプロダクト関連の役員に登壇してもらい、私がいろいろと教えてもらうというスタンスのパネルディスカッションを実施しました。

そうやってakippa社の名前を少しでも売っていこうという作戦です。

コロナ禍でしたが、それでも約70人に来てもらえて、「akippa社は、課題は多いけれど裁量権があり、自分で考えながら仕事ができます」「できあがったシステムの上で勝負するのではなく、どういうシステムを考えるかというところから関わっていけます」ということを売り込んでいきました。

その後、私がエンジニアイベントなどに参加したりすると、「あのイベント参加しましたよ」と言ってもらったり、このイベントがきっかけで、他のイベントからも私に声がかかるようになったり、「akippa社はエンジニア採用を強化している」という認知を広めていくきっかけになったと思います。

アキッパのサービス自体は知っていても、エンジニアを募集していることは知らないという人が多かったのです。

採用活動に真剣に取り組む前は何年も募集していなかったので、「akippa社は募集していない」というイメージがエンジニアの間にこびりついていました。

それを払拭するためにも会社として積極的に発信することは大事です。

イベントは、今後も半年に1回程度で開く予定です。

すべては〝なくてはならぬ〟をつくるため

このようにakippa社のプロダクト部門は、最悪の危機を脱して成長期に入ってきました。

しかしまだ道半ば。

いいチームになって、いいアウトプットもできるようになってきましたが、みんなが非線形の成長に向かって熱狂しまくっているかというと、まだそこまでの状況ではありません。

もっと自分でプロダクトを使い込んで、「次はもっとこうしたい」という思いを発信していってほしいと思っています。そのためにはどうすればいいかを模索している状況です。

akippa社のミッションは、「〝なくてはならぬ〟サービスをつくり、世の中の困りごとを解決する」です。

私はわれわれのプロダクトも〝なくてはならぬ〟ものにし、結果的に世の中の困りごとを解決したいと思います。

先日、中部国際空港の近くにお住まいの駐車場オーナーとお話をする機会があったのですが、「夜のうちにアキッパから予約が入ったことを知らせるメッセージが入っているのが楽しみで、毎朝起きているんだよ」ということでした。

その駐車場オーナーは地主さんで、月極駐車場を何ヵ所か持っている中の一区画をアキッパに時間貸しで提供してくれています。ただ月極契約のほうが儲かる可能性が高く、それは駐車場オーナーもわかっています。

それでもアキッパの予約が入っている楽しさや、利用してくれた人との交流が楽しみで、アキッパの区画を残し続けているという方でした。

このようなお金以外の価値を高めて、「アキッパがないと嫌だ」とか、「アキッパがあると楽しい」というプロダクトにどうすればできるかと、考え続けています。

とあるサッカースタジアムのオフィシャル駐車場をアキッパが運営していて、ユーザー(ドライバー)にアンケートを取ったときのことです。

アンケートの内容を見ると、「アキッパの予約できる駐車場があるから、サッカーの応援に行く」という人がけっこうな比率でいました。

私にはそんな発想はあまりなく、サッカー観戦に行きたいときは何としても行くだろうと思っていましたが、そうではなく、アキッパがあるから行く人がいると初めて知りました。

駐車場というのは、「どこまでいっても目的地へ行くための手段でしかない。だから黒子のサービスだ」と心のどこかで思っていましたが、「いや、駐車場があるから、そこに行けるんだ」と考えると、やはりなくてはならない、メインディッシュになりうるサービスなのではないかと思いました。

すべては〝なくてはならぬ〟につながっているのだと思います。

アキッパは一定のシェアも確保し、認知もされ始めていますが、この事業だけで終わる会社ではないと思っています。

「リアルの〝あいたい〟を世界中でつなぐ」というビジョンを実現するには、駐車場だけでは足りないでしょう。今後はモビリティなど、移動に関する分野でも新しいプロダクトをつくることになるかもしれません。そんな新たな展開が加速していけば、チームの熱量をさらに高めていくこともできると思います。

「チームの熱量を高める」というマネジメントの努力と、プロダクトの力で「〝あいたい〟をつなぐ」という両軸を、この3年ぐらいでしっかりやりきりたいと思っています。

金谷はよくこんなふうに言います。

「われわれはテックカンパニーを目指すけれど、akippa社の強みは、それに人間力を掛け合わせていることだ」

人間力というと曖昧ですが、たとえば営業力や、経営のやりきる力なども含まれるでしょう。弊社は、そういう掛け合わせで、勝負している会社でもあります。

プロダクトはテックカンパニーにとって製品そのものであり、レストランでいえば料理そのもの。だから料理がおいしくなければ話になりません。

しかし料理も大事ですが、ウエイターがどれだけ気の利く接客をするかとか、店主がどれだけ親しみを込めたサービスをするかとかでレストランの評価は決まるものだと思います。

他と違うアキッパならではの色の出し方は、「料理」だけでなく、「人」と「オペレーション」をどう結びつけるかというところに、ヒントがあるような気がします。

第10章

営業

金谷元気 代表取締役社長CEO

月極駐車場の看板から営業電話をかける

2014年に新規事業としてアキッパを始めたとき、社内の他のチームから、駐車場開拓営業担当者として連れてくることができたのは1人だけでした。なぜなら、まだ売上もない新規事業にそこまで多くの社員を連れてくることはできなかったからです。

そのため、私自身が駐車場オーナーの声を聞きながら、「駐車場開拓の成功パターン」をつくる必要がありました。

最初は自転車で町中を走り回り、月極駐車場を探しました。

月極駐車場には看板があります。

そこには「空きあり」などと書かれています。

そこで自転車を停め、携帯電話から看板にある電話番号に電話をかけます。

「いま、近くにいるんですが、月極の駐車場が空いているなら、1日単位で貸し出して有効活用しませんか」

そこは一円も生み出していない土地ですから、「アキッパに掲載していただければ、少しはお金になります」という話をすると、高い確率で話を聞いてもらえました。

駐車場オーナーからは「誰が駐めるかわからなくて不安だ」という反応もあります。

それに関しては、「匿名で、誰でも駐められるコインパーキングとは違い、アキッパは会員制であり、電話番号なども登録して会員になってもらっています。一方の現状のコインパーキングは匿名で誰でも駐められますよね。アキッパの場合は会員制ですのでご安心いただけます」と説明しました。

また、初めて駐車場を貸し出す人にとって、いちばん心配なのは費用でしょう。

そこは、「アキッパに掲載するのは無料です。利用があれば手数料を除いた報酬をお支払いします」と説明しました。

それでも、やはり不安がぬぐい切れない方もいます。

「でも、まったく利用がないんじゃないですか？」

サービスの開始当初はたしかに、その通りです。

私はそう言われたら、「どちらにしても空きスペースのままでは一円も生み出せません。貸し出すことで少しでも収益が入るようにできます」とお伝えしていました。

とはいえ、あまり期待を持たせすぎても、導入後、その期待に達しなかった場合は、後で解約されてしまうので、「0円のままよりはいいと思いませんか」「貸し出すことで、インターネット上で月極の車室が空いているということもアピールできると思いますよ」という程度の説明にしておきました。

アキッパはものすごく契約を取りやすいビジネスモデルでした。

駐車場オーナーの費用負担を「成果報酬による手数料のみ」にしたことが、駐車場開拓の実証実験で成功した一番の要因だったと思います。

本当はわれわれが駐車場オーナーから、月額で利用料を取ることもできたかもしれません。ですが私は今後のサービスのグロースも考え、駐車場オーナーがノーリスクで場所を提供できることにこだわりました。

のちほど詳しくお話しするように、私たちはのちに、駐車場開拓代理店にも託すのですが、様々な商材を営業してきた彼らも、「アキッパの駐車場はこれまで扱った商材で最も契約が取りやすい。しかも駐車場オーナーさんにも、ユーザーさんにも喜んでもらえる」と言ってくださっています。

駐車場開拓に着手した初期のころは、自分でどんどん契約をとっていくのと同時に、「このトークなら誰でも契約がとれる」という成功パターンを体系化していきました。

なぜ体系化したかといえば、自分だけで営業していては、駐車場の数を爆発的に増やせないからです。「誰がやってもこの資料とこのトークだったら契約が取れる」というものをつくらなければいけません。

駐車場オーナーに説明する際に使う資料も、営業しながら変化させていきました。

資料を使って説明していると、「ここは駐車場オーナーに響くが、ここは響かない」というところが見えてきます。響くところは残し、響かないところは変える。伝わりにくいと感じたところはできる限りシンプルにわかりやすくする。

伝わりにくい横文字は日本語に変えるなど、毎日、毎日どんどんブラッシュアップしていき、「ここまで磨き上げれば、誰でも契約が取れるだろう」と納得できるまで、とにかくアップデートを続けました。

最初のターゲットは、土地勘のある大阪

営業ノウハウを固めたことで、多くの社員が駐車場を獲得できるようになりました。あとはこれをどう広げていくかです。

サービス開始から1年半ほど経ったころに株主になった、グロービス・キャピタル・パートナーズの今野穣さんから「ドミナント戦略がいいのではないでしょうか」とアドバイスをいただきました。

ドミナント戦略とは、ある一定の地域を集中的に開拓し（アキッパで言えば、駐車場開拓）、その地域での競争優位性を確保する戦略のことです。

駐車場を借りたいユーザーからすると、「このエリアなら、どこに行ってもアキッパの駐車場がある」というくらいアキッパの駐車場の密度を高くするということです。

駐車場というのはどうしても目的地にはなり得ません。

駐車場というものは、どれだけ目的地の近くにあるかで利便性が決まります。そもそも歩く距離を減らしたくて自動車に乗ってくるわけですから、目的地から遠い駐車場は価値が低くなります。

だからとにかく目的地の近くに、アキッパの駐車場がある状態をつくることが重要になるのです。

もし特定の都市で、「アキッパユーザーは駐車場に困らない」状態をつくることができたら、その都市においては、アキッパは利益が出るのではないかと考えたのです。

ドミナント戦略のターゲットとしては、まず大阪を選びました。

大阪はわれわれの創業の地であり、東京と比べれば何倍もよく知っています。

社員も関西在住の社員が多いので、活動もしやすい。

そして世界的に見ても、比較的大規模な都市ですから、アキッパのユーザー数も多いことが見込める地域です。

ただ、大阪といっても、大阪府全域で営業活動をするのではなく、ＪＲ西日本の大阪環状線（東京でいう山手線のようなもの）の内側をターゲットとすることに決めました。

ここは梅田や難波などの繁華街を含み、大阪城や京セラドームの周辺も含むエリアです。

大阪環状線の内側のエリアにおいては、「250m四方に一つ、必ずわれわれの駐車場がある状態をつくる。それが難しいところは500m四方に一つでもいい」という目標を設定しました。

なぜ250m～500mという距離にしたかというと、目的地まで歩いてもいいと思う距離は、せいぜい500mぐらいだと思ったからです（実際はもっと歩く方が多いと、いまではわかりますが……）。

このような方針を決めて、営業活動によりアキッパの駐車場をどんどん開拓していきました。

その結果、2016年には仮説通りに、大阪エリアだけは黒字になりました。

ビジネスが成り立つことを証明できたのです。

この成功によって、同じことが東京や名古屋でも成り立つはずだと思ったのです。

松下電器、トヨタ自動車に駐車場開拓のヒントを学ぶ

アキッパを全国に広げるには、自社の社員だけでは限界がありました。akippa社のオフィスは大阪と東京にしかありません。全国に支社を置くには、お金も人も足りませんでした。

それでも、やはり全国に展開したいという強い思いがありました。

そんなとき共同創業者の松井が、「駐車場を開拓する代理店を募集したらどうだろう」と発案したのです。

私たちはかつて携帯電話などの営業代理店をやっていたので、営業代理店側の気持ちはよくわかります。松井の発言をきっかけに興味を持って他の企業の事例を調べてみると、パナソニック（旧・松下電器）やトヨタ自動車も同じ方法をとっていることがわかりました。

たとえばパナソニック。「松下電器」や「Panasonic」と書いてある看板を掲げた「街のでんきやさん」を見かけたことはないでしょうか。あれは「連盟店制度」に加盟しているお店で、最盛期には5万店舗を超え、家電販売の約6割を担っていたそうです。

トヨタ自動車の販売店（ディーラー）は現在も約5000店舗あるとされ、販売台数の多くを販売店が占めています。

実はちょうど代理店制度を検討していた2017年のころ、トヨタ自動車の史実が基となった「LEADERS II」というドラマがTBSで放送されていました。まだ会社の規模も小さく、お金もそんなにない中で、熱い志を持って販売店と共に挑戦して、奮闘している姿が目に焼きつきました。

私たちだって、アキッパを松下電器やトヨタ自動車みたいにしたい。

いや、それ以上の存在を目指したい。

そんな思いが強まりました。

「よし、やろう」

駐車場開拓代理店を展開するパートナー制度が、2017年10月に誕生したのです。

まずは駐車場開拓代理店の成功事例をつくる

協業してもらえる駐車場開拓代理店はいくつあっても嬉しいものです。アキッパの開拓を任せられる駐車場開拓代理店が増えて、彼らに営業してもらって、一つでも多くの駐車場が増えたほうが、ユーザーが便利になるためです。

そのためにも、日常的に多くの駐車場を獲得する、強力な駐車場開拓代理店をつくる必要があります。

本書執筆時点で、駐車場開拓代理店の登録数は約1000社になりました。

かつては私たちも営業代理店でしたから、どうすればいい営業代理店がつくれるかは、なんとなくわかりました。

まず営業代理店は、多くの場合、アキッパだけ取り扱っているわけではありません。会社にもよりますが、複数のサービスの営業代行をしていることが多いのです。それこそ、かつての弊社も携帯電話を売ったり、インターネット回線の契約を取ったり、ウォーターサーバーの営業代行もしていました。

そんな中で、アキッパにフルコミットしてくれる人員が、提携する営業代理店に一人でもいることが大事です。

次に、アキッパの駐車場開拓の営業代行を担当してくれる人が、私たちの目指すビジョンを同じように目指してくれること、そしてその営業代理店の社長自身も強い意志で関わってくれることも条件にしました。

なぜこのように思うようになったか。

私たちが営業代理店だったときも、商材が売れるときと売れないときがありました。その原因を振り返って考察してみると、うまくいくときというのは、その商材にフルコミットしていたときだったため、これらの基準を設定したのです。

まず意欲の高い会社を募集して、「最初の6社か7社は私が直接メンタリングします」とお伝えし、オンラインミーティングを毎月行うことで、コミットメントを高めてもらっていました。

私たちは営業代理店時代、正直言って目的が売上だけになっていました。

最後のほうはモチベーションを失い、お金のためだけにやっていました。

だからもし駐車場開拓代理店を募るなら、私たちが目指すビジョンを同じように目指してくれることを条件にしたい。私たちと一緒に、駐車場で困る人をなくしたいという思いを持ち、世界ナンバーワンを一緒に目指してもらいたい。

やはりそういう志が人を突き動かし、ビジネスの結果を大きく左右すると思いました。


駐車場開拓代理店の社長が本気になってくれることも重要とお伝えしましたが、アキッパの駐車場開拓代理店の社長のなかには、当社の役員かと思うぐらい、アキッパの成長を考えてくれている方もいます。

「どうすれば世界一に届くか」という議論を一緒にしてくれる人や、それこそ一緒に『LEADERS II』を見たりしてくれる人が大きく力を貸してくれています。

現在は新規獲得駐車場の約半分を、駐車場開拓代理店が開拓しています。

ＳＯＭＰＯホールディングスとの資本業務提携

駐車場開拓代理店の成功事例が出てくると、さらにそれを広げようということになります。

そんなとき大手損害保険会社のＳＯＭＰＯホールディングスから、資本業務提携の相談がありました。

事業部門である損保ジャパンの役員だった中村慎一《なかむらしんいち》さんの話を聞くと、自動車保険の解約は年間数十万件にも上るそうです。

解約には様々な理由があります。理由として多いのが「自動車免許の返納」です。自動車免許を返納し、自動車保険を解約すると、多くの場合は自動車を手放すことになります。ということは自宅の駐車場、車庫が空きます。

ここをアキッパに貸し出してもらえれば、われわれとしては大助かりです。

そこで「自動車保険を解約したい」という連絡が損保ジャパンに入ると、その手続きと同時に、「これからは駐車場が空くでしょう。よかったらそこをアキッパに貸し出しませんか？」と保険代理店に提案してもらう、という提携をすることになりました。

この提携や他の様々な取り組みにより、損保ジャパンの保険代理店経由で1万台以上の駐車場を獲得することができました。

エンタプライズセールスの社員を採用

弊社は創業以来、ＳＭＢセールス（中小零細企業向けの営業）を得意としてきました。

しかし、都心の一等地を持つのは大手企業がほとんどです。

京セラドームや大阪城などの近くなら、まだ個人の地主さんもいます。

しかし東京は渋谷であれば東急不動産、丸の内なら三菱地所というように、大手企業ががっちりと土地を保有していることが多いのです。

ということは、今後、重要な拠点に駐車場を増やすには、大手企業に営業をしていくことが不可欠になります。

しかし私たちが得意としてきたSMBセールスと、エンタプライズセールス（大手企業向けの営業）では、サッカーと野球くらいやり方が違います。

そこで駐車場開拓においてもエンタプライズセールスができそうな社員を新たに採用して、彼らと「勝ちパターン」をつくっていこうと考えました。アキッパのサービスを始めたばかりのころ、月極駐車場の営業をしたときと同じように必勝法をつくるやり方です。

駐車場開拓におけるエンタプライズセールスとSMBセールスとでは、営業の方法はどう違うのでしょうか。いちばんの違いは「責任者に会う難度」です。

中小零細企業はすぐに決裁者に会えます。だから積極的に営業活動をすれば一気に成約まで進んでしまうことがよくあります。

対して、大手企業への営業の場合、即断即決ということはないので、最初に誰に会い、どのルートで上に上げて承認してもらうかというポイントをつかまなければいけません。根回しが重要なので、勢いとトーク力だけの一筋縄ではいかないのです。

ここからはエンタプライズセールスを実際に推進した柿本雅淳《かきもとまさとし》と、エンタプライズセールスだけでなく自治体や大型音楽フェスとの連携も牽引する大塚康広《おおつかやすひろ》から話をしてもらいましょう。

柿本雅淳　執行役員CPDO

これ以上開拓できる駐車場がない

私は前職で、東京海上日動火災保険に勤めていました。

東京海上日動火災保険もakippa社のように営業代理店のシステムをとっていたので、その管理をしたり、新しく営業代理店をつくったりしていました。ビジネススキームは盤石で、業務も完全に仕組み化ができているなかで、どれだけ効率的に業務を遂行できるかを考えて仕事をしていました。

東京海上日動火災保険では毎年1週間以上連続して休みを取得する制度がありました。あるとき、この休みがあることをモチベーションにしている自分に気づき、仕事に対しての想いや熱意が低くなっていると感じました。

もっと自分自身が熱狂できて、人生を捧げられる仕事をしたいと考えるようになりました。そう考えると、社会貢献度が高くて、今までにない新しいことをやっている会社に移りたいと思うようになりました。さらに地元の大阪に戻れるのであれば戻りたい。

そこで偶然akippa社を知り、新たなところを切り開いている面白い会社だなと思い、転職しました。

入社後、私は「大手企業への営業ができるのではないか」と相談を受け、そのチームに配属されることになりました。

その当時ディー・エヌ・エーから出向で来られていた濱井貴幸さんが東京にいて、関東圏は営業を任せられる人がいる体制でした。

一方、関西のほうは大手企業への営業をやっている人がいなかったので、そちらを自分が担いながら、「何か大手企業とうまいこと関係をつくれるものはないか」と思いながら動いていました。

私が入社したのはアキッパがドミナント戦略によって、「大阪環状線内をアキッパの駐車場で埋め尽くそう」と決めたタイミングでした。大阪環状線内のエリア内では250m四方に一つ、それが難しいなら500m四方に一つはアキッパの駐車場を開拓すると目標に掲げたころです。

実はそのとき、大阪環状線内には「もう開拓できる駐車場がない」という状態でした。特に梅田周辺、淀屋橋、心斎橋、本町あたりはビルが多く、平面の月極駐車場もあまりない地域でした。あっても埋まっていることが多かったので、アキッパに登録してもらうのが難しい状況でした。

最初の数ヵ月はまったく契約がとれず、「自分は何のためにこの会社に来たんだろう」と胃が痛い思いをしました。

そこで仕方なくターゲットを変更します。


当時、アキッパであまり登録がされていなかったところがありました。商業施設に付帯された駐車場です。

たとえば、大阪駅には大阪ステーションシティという巨大複合商業施設が隣接していて、そのなかの一つにルクア大阪という商業施設があります。そこには非常に大きな駐車場があり、JR西日本SC開発が管理しています。

その他には有人駐車場や機械式のコインパーキング事業者が登録されていませんでした。

もう個人や中小企業の駐車場が残っていない以上、これらを狙って営業していくしかありません。

しかし最初に電話をかけたりメールを送ったりしたときは、はっきりそう言われたわけではないものの、「あなたたちはわれわれの競合ですよね」という反応でした。

コインパーキング事業者や商業施設の付帯駐車場は、いわば時間貸しで、利用したい人を受け入れて売上を立てるところです。

そういうところからすれば、確かにアキッパは競合に見えるかもしれません。

それまで世の中には駐車場のプラットフォームというものが存在しませんでした。そのため個人宅や月極駐車場のスペースの1日貸しをしているわれわれが、「新しいパーキングブランドが出てきたぞ」という目で見られたのも当然でしょう。

しかし、アキッパは、コインパーキング事業者などの売上最大化を共に目指す仲間になり得ます。

どういうことかというと、アキッパは自社で駐車場を保有しているわけではなく、駐車場のプラットフォームでしかありません。

コインパーキングや商業施設の駐車場も、アキッパを通して予約できるようになれば、デジタルで集客ができるので、ユーザーが増えます。

そうなればお互いが利益を得ることができます。

しかしこのことを理解してもらうまでには、かなり時間を要しました。粘り強く交渉して、話だけでも聞いてもらうようにしていくと、だんだん、「いや最初は本当に競合だと思っていたけれど、なんだかそうでもないかもしれませんね」という反応になってきました。

この段階で、「どうでしょう。まずはスモールトライアルで試してみませんか」という提案に入りました。

トライアルで利用されたユーザーにアンケートを記入していただいた結果、まったくリプレイスされていない（アキッパで駐車場を貸し出すことにより、売上面でマイナスの影響がない）ことが証明できましたし、「ルクア大阪のそばの（アキッパの）駐車場に駐めたので、ついでにルクア大阪で買い物をしました」というような、プラスの利益貢献があることもわかりました。

こう言うと簡単に提携できたようですが、最初に提案をしてからトライアルに至るまで3～4ヵ月かかり、トライアルそのものを実施するのに2～3ヵ月かかり、またトライアルをして、その後また1ヵ月ぐらい期間が空いてから本格導入となりました。

本格導入までには、トータルで1年弱ぐらいかかったと記憶しています。

民泊のAirbnbの場合はホテル事業者、ライドシェアのUberの場合はタクシー事業者など、かつてはシェアリングサービスと既存業界との間で衝突があったと思います。

しかしアキッパの場合はコインパーキングや商業施設の駐車場の売上も高めていったので、既存業界のプレイヤーとすごくいい関係になれたのではないでしょうか。

その後は大阪だけでなく、東京駅周辺の丸ビルやサピアタワー、鉄鋼ビルディングなどにある駅直結の駐車場も提携できるようになりました。

これが最初のエンタプライズセールスだったと思います。

エンタプライズセールスのポイント

大手企業と中小企業とで、営業の方法はどのように違うか。

金谷が説明したように、最初のアカウントを開けるまでのアプローチがまず違います。

そしてそれ以上に重要なのが、その後、どのように取引を拡大していくか、というところです。いまからそれについて述べますが、社内でその部分を長らく担当していたのが大塚康広なので、後で彼からも補足してもらいます。

まずは「アカウントを開けるところ」ですが、どの部署の、誰に、どんな内容で提案していくかで、導入の可否やその後の広がりが変わってきます。

大手企業には本当にたくさんの部署があります。その中でどこがドンピシャの部署なのかを、まず引き当てる必要があります。部署が適切でも、担当者が全然やる気がなかったりすることもあります。

まずは提案先の部署やグループの目標を聞いておくといいでしょう。また担当者本人や、その上司の評価制度もヒアリングしていきます。

つまり「アキッパを導入したら評価されるか」を深掘りしていくということです。アキッパを導入したところで本人が評価されないと、結局なかなか積極的に取り組んでもらえないのです。

大手企業の組織図はオープンになっていることもありますが、外からはよくわからないことも多いのが実情です。そんな大きな組織をどこから攻めるか。

よくあるのは「紹介」です。たとえば自社の株主や取引銀行、所属している業界団体からの紹介であれば、最初にこちらから部署を指定できることもあります。

「われわれはこういうサービスを提供しています。遊休地を有効活用したいと言っている部署の方を紹介してほしいです」というお願いをメインバンクにしたところ、本当に快く動いてくださり、ご紹介までしていただいたこともあります。銀行があらかじめわれわれを好意的に紹介しておいてくれることもあります。

あとは所属している業界団体、われわれでいえば駐車場の協会経由の紹介もあります。

駐車場業界には「全日本駐車協会」と「日本パーキングビジネス協会（ＪＰＢ）」という大きい協会が二つあります。

「全日本駐車協会」は、わかりやすく表現すると、ビルオーナーの駐車場部隊の集まりです。「日本パーキングビジネス協会」は、コインパーキングに従事しているパーキング事業者の集まりです。

会員になるには年間で数万円の会費がかかります。会員になると研修会や懇親会にお呼びいただけるので、積極的に参加して関係を築き、ビルオーナーやコインパーキング事業者で駐車場活用に困っている方がいれば、アキッパを提案させていただいています。成約事例はたくさんあります。

金谷にその研修会で講演してもらい「こういうサービスをしています」と話をすると協会

の事務局の担当者もアキッパの事業を理解してくれていて、「akippa社はうちの協会の会員として一生懸命やってくれています。社長、話を聞いてやってくださいとつないでくださることもよくあります。

紹介なしで直接営業をかけるという手段もあるのですが、協会からご紹介いただくと、「うちもアキッパを利用しているよ」と言ってくださるので、提案のしやすさが全然違います。

とはいえ紹介ではなく、テレアポや飛び込みでも、大手企業と契約に至ることもあります。

これがアキッパのサービスのすごいところで、飛び込みでも運よく、いい担当者、いい部署に当たると、営業プロセスがそのまま進むことも皆無ではありません。電鉄系、大手不動産会社、指定管理会社などもそうでしたし、大阪府の団地を多数運営する大阪府住宅供給公社などは、飛び込みから契約にまで至った例です。

私が過去に経験してきた商材では、飛び込みではまず受付を突破できませんでした。

しかしアキッパでは、「空いている土地を有効活用できます。課題を解決できます」という飛び込みの仕方で営業をすると、突破できることも数多くあります。

ただ、紹介してもらったり、受付を突破したりしてその会社の担当者に会うことはできても、その後が全然進まない場合もあります。

その場合は「他の適切な部署を紹介してください」とお願いするケースもあります。あるいは銀行や株主からまったく別の角度で、他の部門や部署を紹介し直してもらうこともあります。

そのような努力を繰り返し、同じ会社に別の切り口からアプローチすることで、ようやく取引が開始できることもあります。

先方の部署の目標や担当者の評価にミートしない場合、導入確率は極めて低くなるため、提案部署や提案内容、提案時期を変えたほうがいいのです。

電鉄系や大手不動産系のような、事業内容が多岐にわたるところは、「部署が違えば、別の会社」というくらいの感覚で、最初から営業をやり直したほうがいい結果につながります。

導入を検討する駐車場オーナーの心理

どのようにして大手企業を開拓していったのか、もう少し詳しくお話ししましょう。

まず、アキッパの導入を検討する駐車場オーナーには大きく分けて、個人と法人がありま す。どちらの場合にしても、導入せずにそのままにするか、それとも導入するかという二つを天秤にかけて判断することになります。

われわれは「やりたくないな」という導入の障壁を下げると同時に、導入した場合のメリットを強調するようにしました。

まず個人と法人とでは、アキッパ導入の障壁が違います。

法人の場合、いままではアキッパのサービスを導入しなくても駐車場の運営自体はできているので、そのことが障壁になります。

われわれが行うのは「アキッパに登録すればもっとユーザーが増えます」とアップサイドを実現するための提案なので、いますでにある程度収益があり、現状にある程度満足している法人にはなかなか響きません。

そのためにまずやったのは、アキッパ導入の障壁を下げることです。大抵は担当者に「検討するのが面倒」「導入したことでトラブルがあると逆に困る」などといった考えが存在するのです。

われわれはそういう要素を一つずつ、つぶしていきました。

たとえばトラブルについて心配される担当者もいましたが、それに対しては24時間365日のコールセンターを設けたり、損保ジャパンと共同で駐車場シェア専用保険を開発したりすることで対応してきました。

一方で導入のメリットを訴える方法はシンプルです。

売上、利益を増やす。これに尽きます。

アキッパを導入すれば空いている車室が稼働するため、導入費用をかけずに売上が立ちます。また、担当者に「この仕事をすることで、社内でこのように評価されますよ」というポイントを他社の事例（公開できる範囲で）も共有しながらアピールするのも有効です。

担当者を説得できれば、あとは先方の社内でどのように決裁されるかです。

それを補助できる資料をつくったり、説明の裏づけとなるロジックを準備することもしています。

ただし、人はロジックだけでは動いてくれません。やはり、感情に訴えかけることも重要です。感情を動かすためには、スピードや熱量が求められます。

商談後、すぐに資料をつくって次の日には持参するなど、こちらの熱意を見せると担当者の熱量も次第に上がっていきます。

弊社と先方の担当者が一体になって、ようやく成約に至るというイメージです。

駐車場開拓チームの成長

大阪と東京の駐車場を重点開拓するタイミングで、駐車場開拓チームの増員を始めました。

そのためプロパーと中途社員が入り乱れる組織となり、このタイミングで私や大塚も入社しました。

SMB（中小・個人の駐車場オーナー）への泥臭い営業ができるプロパー社員と、大手企業に営業ができて、マネジメントや業務の仕組み化ができる中途社員との相性は非常によかったと思います。


しかしバックボーンの違う人たちが一緒に働くうえでは相互理解も必要です。

お互いの長所を知るために、様々な方法でチームビルディングを試みました。

たとえば「自分をさらけ出す50の質問」「人生モチベーショングラフ」というものを考え

て営業メンバーに記入してもらいました。前者は50個の質問に答えていくと、自分の性格や価値観、ものの考え方があらわになってしまうものです。

後者はいままでの人生でモチベーションが下がったとき、上がったときを折れ線グラフで表現し、上下した原因を教えてもらうというものです。

メンバー間でこれらのグループワークをすることで、お互いの理解が深まったと思います。

私は前職でチームビルディングの経験があったわけではありませんが、共同創業者の松井と一緒にチームが一丸となるための施策を組み立てていきました。

そして、その前後で大きな出来事がありました。

創業初期より営業の執行役員に就いていたのが佐川雄紀と佐藤宗司です。

創業初期から会社を牽引してきたこの2人が、CEOである金谷へ役員の辞任を申し出たのです。

「チームとしての成果最大化を優先すると、自分たちはマネジメントより営業のほうが得意なので、役員ではなく、一般の営業担当に戻してもらったほうがいいと思う」という理由だったそうです。

「自らの立場よりも、akippa社が勝つためにはどうすればいいか」

会社のことを真剣に考えた2人の行動もあり、われわれはますます一枚岩の強い組織になれたと思います。

そこから徐々に会社としても売上や利益などを追う段階になり、それまでの「とにかく駐車場台数を増やす」というところから、「売上の上がる、いいエリアに駐車場を取ろう」という方向性にシフトしたのです。

これまでたくさんの駐車場をがむしゃらに獲得してきたことで、「どのエリアで売上が上がるのか」をデータで見ることができたのです。

ここで1人あたりの生産性を最大化させるために、ファネル分析（ユーザーの行動を追って、なぜ利用に至らなかったのかを分析する）や、KPIをしっかり追うようにするなど管理を徹底し、毎週とにかく改善していました。

営業全体でも分業制を導入して、エンタプライズチーム、SMBチーム、深耕開拓チーム、代理店管理チーム、企画支援チームに分けて、それぞれ生産性を上げていきました。

壁にぶち当たりながらも改善を続けた結果、現在は無茶苦茶に駐車場を拡大するのではなく、オペレーションやレギュレーションを整えながら横展開や体系化ができていると思います。

金谷元気　代表取締役社長CEO

アキッパで解決できるプロスポーツクラブの「困りごと」

ここまで柿本よりエンタプライズセールスや、駐車場開拓営業チームのチームビルディングなどについてお話しさせていただきました。

別の部分のお話をすると、2016年以降はJリーグなどのプロスポーツクラブとの連携も増えていきました。

プロスポーツクラブは駐車場不足が原因で、集客に悩まされていることがあります。

実は駐車場が十分にあれば集客は増えるのです。

多くのプロスポーツクラブもそれに気づいていましたが、駐車場がないのにマイカーによる来場を推奨してしまうと、駐車場を探す「うろつき運転」が増えることにより周辺道路が渋滞してしまいます。かといって駐車場を新たにつくることはなかなかできません。そのため、公共交通機関での来場を促しています。

ですが、アキッパの予約駐車場だったら確実に駐められるので、「うろつき運転」による渋滞も発生しません。

これをぜひ、どこかのプロスポーツクラブと組んでやってみたいと思っていました。

そんなころに、自分の所属していたU－15時代のクラブチームのプチOB会があり、それに参加したところ、これまた偶然参加していた、当時セレッソ大阪で働いていた後輩の赤堀《あかほり》翔平《しょうへい》さんと話をしたのです。

そんなチャンスはなかなかないので逃せません。

「一度、ホームゲームの運営に携わる人たちと話をさせてほしい」と頼んで、商談が実現したのです。

「私たちは駐車場を一気に増やすノウハウを持っていて、スタジアム周辺に駐車場を増やすことができます。しかも、予約制であれば渋滞を減らして観客を増やせる可能性があるのでやっていきましょう」とそんな話をしました。

赤堀さんも同じように熱意を持って社内を説得していただき、２０１６年にセレッソ大阪と提携することになりました。

これが初めてのプロスポーツクラブとの提携でした。

その後、スタジアム周辺で駐車場を開拓し、一気に数百台分の駐車場を増加させたことで、すでに駐車場不足は解消しつつあります。

「小さく試して成功したら、その勝ちパターンを他にも広げていく」のが私たちのやり方です。セレッソ大阪で成功したパターンであれば、他にも応用できるはずです。

ここまでは第1章でもお伝えしました。

詳細については、実際にプロスポーツクラブとの連携を発展しながら広げ、その後自治体や大型音楽フェスとの連携も牽引する大塚康広から話をしてもらいましょう。

大塚康広 Parking Innovation Group 総合プロデューサー

公式駐車場の完全予約制の導入

私の前職は、大手商社である丸紅系の不動産IT会社です。10年ほど在職していました。具体的には分譲マンションに特化して、居住者とのコミュニケーションや管理業務を、ITツールを使って簡便化させていく仕事をしていました。

akippa社に来たのは、前職に10年いて、Webクリエイティブやブランドプロジェクトなども経験し、一定のことをやり尽くした感があったからです。

今一度刺激的な環境に身を置きたいと思うようになり、そのタイミングでakippa社を知って話を聞かせてもらい、運よく入社しました。

akippa社に入社した当初は大手企業向け駐車場開拓営業チームの立ち上げを行いました

が、その後は大型イベント、プロスポーツクラブとの提携、そして自治体と提携した完全予約制の公式駐車場などの駐車場開拓営業の立ち上げとマネジメントを担当しています。akippa社は困りごとの解決をする会社ですが、まさに自治体やプロスポーツクラブにはイベント時の駐車場不足や混雑という大きな課題があります。

金谷が最初にセレッソ大阪と提携を決めたのは２０１６年ですが、その後は私が責任を持って各クラブとの取り組みを推進しています。

現在、アキッパでは30を超えるプロスポーツクラブと提携しています。

Ｊリーグ（プロサッカー）クラブをはじめ、プロ野球の球団とも提携しており、最近増えてきているのがプロバスケットボールクラブ（Ｂリーグ）との提携です。

２０２３〜２０２４年のシーズンは、プレシーズンマッチでもチケットが完売するほど勢いのあるＢリーグですが、Ｂリーグで提携の成功例を最初につくることができたのは茨城ロボッツでした。

茨城ロボッツは茨城県水戸市をホームタウンとするクラブで、提携当時はＢ２（2部リーグ）でした。彼らが拠点とする「アダストリアみとアリーナ」という新アリーナの建設計画を見たところ、自動車で行く場合は、近くを走る国道から一本道に入る必要がありました。

その一本道の先にアリーナが建設されるようになっている。つまり、一本道に進んでから駐車場が満車だと知ると、折り返しする自動車が逆行することになります。大変な混雑が起こることが予想されました。

「これは提案しなければ」

当時茨城ロボッツの社長だった山谷拓志さんが、沖縄のあるイベントに参加されることを知り、私も急遽それに参加することにし、山谷社長にこう申し上げました。

「山谷社長、みとアリーナの駐車場は予約制にしないと大変なことになります」

すると山谷さんは、「実は自分も同じことを考えていました。東京に帰ったらすぐに話をしましょう」と言っていただいたのです。

そこからすぐに、試合時における公式駐車場の予約導入が決まりました。

民間の駐車場を開拓する場合とは異なり、公式駐車場はすでにアリーナやスタジアムに付帯されている駐車場をアキッパを通じた予約制にする取り組みです。

アキッパには独自の運営ノウハウがあるため、アキッパ導入のマネジメントや現地での説明会まで実施しています。アキッパの導入がゴールではなく「うまく運用すること」がゴールなので、そこまでする必要があるのです。

結果的に、約380台分の公式駐車場を完全予約制とすることができ、「予約しなかった人は電車やバスで来てください」という案内を茨城ロボッツが行うことで、混雑を防ぐことができました。

しかし、2023〜2024年シーズンから観客数が一気に増えて「自動車で行きたい」という人も急増しました。

そこで弊社は駐車場開拓代理店に相談し、周辺の民間駐車場の開拓を強化しました。

その結果、現在では公式駐車場と民間駐車場を合わせて、約700台分の駐車場を予約できるようになり、利便性を高めることができました。

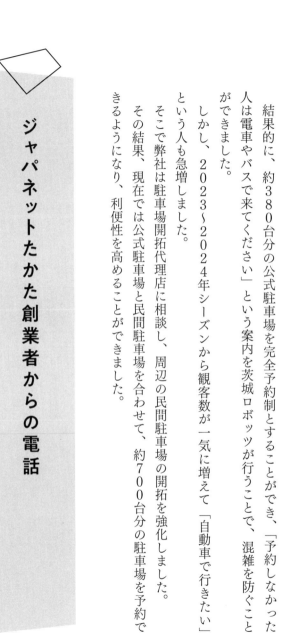

ジャパネットたかた創業者からの電話

JリーグのV・ファーレン長崎は、ジャパネットホールディングスのグループ会社です。

2017年にJ2で上位に位置し、J1への昇格争いをしているタイミングで観客が急増していました。

スタジアム周辺でなんと、最大3・5㎞もの渋滞が発生していたのです。

2017年のJ2での素晴らしい戦いを終え、2018年のJ1でのシーズンが始まる前のことです。

当時V・ファーレン長崎の社長をしていた、ジャパネットたかたの創業者でもある髙田明さんは駐車場渋滞に大きな課題認識をしていたそうです。

そこで偶然、アキッパを見つけていただいたのです。

そしてホームスタジアムである長崎諫早《いさはや》運動公園の駐車場（最大1800台）をアキッパでの完全予約制を導入することになりました。「駐車場を予約できなかった人は電車で来てください」と周知徹底して渋滞対策に取り組んだのです。

また髙田さんは駐車場を予約できなかった人に向けて、駅からスタジアムの間に縁日をつくるという取り組みを実施しました。これには、サポーターの体験を向上させることへのこだわりを強烈に感じました。

いまでも思い出すのが、金谷とタクシーで移動しているときに、髙田さんから、直接電話がかかってきたことです。

私は焦ってすぐ金谷に電話を渡してしまいました。

電話の要件は「駐車場を予約済みであることを証明するスマートフォン画面は、現場の係員にはわかりづらい」というものでした。アキッパで公式駐車場を予約した場合、ユーザーは駐車場に入る際に「予約済み」の画面をスマートフォンで見せることになっていました。ホームスタジアムの長崎諫早運動公園の駐車場の警備担当者には、高齢の人が多かったのです。「スマートフォンの画面を見て、小さい字を読まなければいけないのは大変ですよ」という話だったと記憶しています。

先を行く企業の創業者の徹底したこだわりに感銘を受けながら、長い時間をかけて、お互いに協力をしながらノウハウを積み上げていきました。

結果的に、アキッパの予約制導入後はほとんど渋滞がゼロになったのです。

V・ファーレン長崎と提携したのは2018年のことですが、これは後にお伝えする2023年の諏訪湖祭湖上花火大会の運営にそのノウハウが大いに活きています。

大型音楽フェスや花火大会へのアキッパの導入

プロスポーツクラブとの成功事例をつくっていく過程で培ったノウハウは「大型音楽フェス」や「花火大会」でも活用することができると思いました。

大型音楽フェスでは、茨城県ひたちなか市で開催される「LuckyFes」の公式駐車場の予約や駐車場マネジメントを、初開催の2022年から3年連続で担当させていただいています。また、ももいろクローバーZなども出演した大分の「ジゴロック～大分〝地獄極楽〟ROCK FESTIVAL～」や、福岡の「風と街音楽祭」では2024年の開催時にアキッパを導入していただきました。

2022年から駐車場予約を担当させてもらっている「LuckyFes」は、2024年において、3日間で12万人の来場を目指すほどの規模になっています。このLuckyFesでは、開催される公式駐車場をすべてアキッパでの予約制としています。すべて事前予約制になっているので、大型音楽フェスの参加者は家をゆっくり出ても大丈夫なのです。

また、駐車場関連の問い合わせは、主催者からアキッパに任され、すべてアキッパにて対応しています。

アキッパには24時間365日のコールセンターがあるので、主催者は駐車場関連の問い合わせを受けても「アキッパに確認してください」と言えるので、運営の負担が大きく減ります。

通常のチケットサイトで駐車券を売る大型音楽フェスもたくさんありますが、その場合は駐車場に関する対応のほとんどを主催者が担う必要があるのです。

私たちは現地の様子も把握していますし、土日でも、夜中でも問い合わせを受けられます。

そこが主催者の負担減になるのです。


また、花火大会においては、長野県の「諏訪湖祭湖上花火大会」と「須坂みんなの花火大会」、茨城県の「土浦全国花火競技大会」、愛知県の「豊田おいでん祭 花火大会」、兵庫県の「淡路島まつり花火大会」、高知県の「しまんと納涼花火大会」など、全国各地でアキッパの予約制が導入されています。

そして、徳島県の「阿波おどり」といった大きなお祭りでも、2024年より導入が決定しました。

一つの事例をお話しします。

花火大会でアキッパが最初に導入された、長野県諏訪市で行われている諏訪湖祭湖上花火大会の事例です。

akippa社は2023年に初めて諏訪湖祭実行委員会と提携しました。


「完全予約制と書いた看板を直前の道路に設置しましょう」

「交通動線はどう切っていきましょうか」

「このインターから来てもらうように駐車場のページで案内しましょう」


このように、オペレーションも含めて、すべて当社から提案します。

詳しいことは、現地まで足を運ばなければ絶対にわかりません。そのため、必ず何回か現地に入って、そのうえで課題を自分ごととして捉えて解決することを大切にしています。

オンライン会議も実施しますが、オンラインでいいこととリアルですべきことをしっかり切り分けてやっていくのです。

そうして当日を迎え、結果どうなったのか。

主催者、ユーザー、地元民、アキッパの「四方よし」が実現したのです。

諏訪湖祭実行委員会が準備する市役所や小学校の駐車場に加えて、地元の個人ユーザーや民間企業の使っていない駐車場もシェアしていただいて、約４２００台分が予約できることになりました。

駐車場がこの年から有料化したにもかかわらず、ユーザーは駐車場を確実に押さえられるため「来年以降も有料事前予約制で利用したいですか？」というアンケートに対して、約９割の方が「ＹＥＳ」と答えたのです。

駐車場を予約制としたことで、アキッパ導入以前は、花火大会の前夜から発生していた「駐車場の開門待ち渋滞」を解消でき、地元民にも喜んでいただけました。

その結果、諏訪湖祭実行委員会も駐車場で大きな収益を得られました。

実は近年、資金難で自治体の花火大会が廃止されることが増えています。

駐車場収益はかなり大きいため、アキッパ導入が花火大会復活の一助となる事例も、今後生んでいきたいと思っています。

イベント終了後に振り返りも必ずやっているので、「来年はこうしましょう」というように提案していくこともできています。

完全にイベント主催者目線で、駐車場運営についてわれわれが最初から最後までやりきるというスタイルでやっているので、「アキッパにお任せするとなると、アキッパに支払う手数料はチケットサイトより高いけど、確かにそれだけの価値があるね」と言っていただけています。

自治体への駐車場開拓営業手法

そもそもどのように自治体への駐車場開拓営業をしているかをお話しします。

花火大会の主催者は自治体であることが多いですが（必ずしも自治体であるとは限りません）、自治体は先例主義的なところが多いです。

そのため、「事例をまず一つつくること」が非常に重要です。

自治体では、自分たちと同じような状況の他の自治体に先行事例があると、新たな施策を受け入れてもらいやすくなります。

各種条例は、アキッパのようなシェアリングサービスの活用を前提にしては組まれていないので、アキッパから提案を受けても、担当者もどうしたらいいかわからないのです。条例をどう解釈するか、条例を改定しなければいけないのか検討するという重い作業が生じてしまうのです。

ですが、他の自治体で前例があると、「○○市ではやったんですね。○○市ではどうやっているか教えてください」と検討してもらいやすくなりますし、場合によっては「直接○○市の担当者から話を聞きたいから、つないでくれますか？」となって、他の自治体の事例が判断材料になり、アキッパの導入に向けて、一歩踏み出すことができるのです。

アキッパの場合は、プロスポーツクラブとの連携を通じて自治体との関わりを持っていたことが大きかったです（プロスポーツクラブが保有している施設は、自治体が保有するパターンが多いため）。

金谷がセレッソ大阪との提携を進め、プロスポーツクラブ連携事例をゼロイチでつくり、私がそれを横展開し連携事例を増やす。同時に、自治体保有駐車場を活用した公式駐車場の運営事例ができる。それらの事例と実績をもって大型音楽フェスや、他の自治体での花火大会、お祭りの公式駐車場運営の提案につなげる。

このように小さなチャレンジから、徐々に連鎖させせることで、大きな提携までつなげていくのです。

第11章

マーケティング

金谷元気　代表取締役社長CEO

マーケティング不在の組織だった

2014年にアキッパのサービスを立ち上げたころ、マーケティング担当はいませんでした。資金もほとんどなかったため、初年度は広告を一切出していません。

ですが、何もしなかったわけではありません。

広報チームを立ち上げてPR活動に注力していました（広報については第12章で詳しく述べています）。

しかし、サービス開始2年目の2015年には資金調達を行い、またサービスとして利用されることが増えていたので、「広げていくタイミングなので、SEOを強化したり、検索広告を出してもっと広げていきたい」と思うようになりました。

そこで共同創業者の松井にマーケティングチームの立ち上げを依頼しました。

松井が行ったことは「人材採用」でした。

Googleに在籍していた広田康博を正社員として採用したのです。

そこから様々な施策を行い、2024年現在では400万人を超える会員登録数となっています。

実際に何をしてきたか、マーケティングに関わっている取締役CCOの杉村大輔《すぎむらだいすけ》や、現場で活躍する内藤仁《ないとうじん》の2人から話してもらいます。

杉村大輔　取締役ＣＣＯ　＆　内藤仁　マーケティンググループ

駐車場ビジネス特有のマーケティング

杉村　私がakippa社に入社したのは２０１６年6月です。もともと公認会計士として監査法人に勤めていましたが、事業側でチャレンジしたいと思い、不動産投資のポータルサイト運営のベンチャー企業に移ってＣＦＯをやっていました。

そんな中でも「とにかく広めたい」と思えるようなサービスに尽力したかったのです。

そんなとき、人材紹介会社に紹介してもらい、アキッパというサービスを初めて知ります。私自身、スタジアムに自動車で行ったりしていましたが、駐車場の問題はとても大きいと感じていました。

アキッパのサービスが広がれば広がるほど、いろいろなことが解決できる。自分自身もユーザー目線で、アキッパが世の中に広まることに期待していたので、入社したいという思いが芽生えました。

とはいえ私自身も監査法人出身で財務分野は得意領域ですが、ビジネス領域に対してはそれほどの強みはありませんでした。ですから自分のマーケティングの知識を生かすというよりは、どちらかというとマーケティングの施策をメンバーと一緒につくっていきました。

内藤　私はマーケティングに関わってから、約20年です。前職ではWebマーケティングにも関わっていましたが、それだけでなくイベントや展示会、ダイレクトマーケティングなどユーザーを集める役割を全般的に担っていました。

前職にはちょうど10年いて、ずっと抱えていたプロジェクトが終わり一区切りついたので「自分で起業しよう」と準備をしていましたが、そのタイミングでakippa社で働いていた知人から誘われて、面白そうだと思い、2020年に転職しました。

杉村　私が入社した当時はまだアキッパの認知度も低かったので、Web広告による集客が必要でした。その効率化に努めつつ、いかにコストを抑えた集客ができるかを大きなテーマとしてやってきました。最初のWeb広告は、GoogleやYahoo!などの検索エンジンに対する検索広告がメインでした。

たとえば外出先の駐車場について調べるとき、多くの人が検索エンジンで「東京駅　駐車場」「〇〇花火　駐車場」などと調べるかと思います。

その検索結果のトップにアキッパの広告が表示されるようにしたのです。

検索広告は基本的には入札制です。「これぐらいの単価で広告を表示させたい」「上限はこの金額」と設定し、その中で入札単価が見合えばユーザーのスマートフォンやパソコンに広告が表示されます。

あるキーワードに、ある業者は100円をつけ、別の業者は150円をつけた。この場合、まったく同じサイトの内容なら高い価格で入札しているほうが落札できて、上位に表示される形になっています。

ただGoogleは、高いお金を出したからといって無条件に上位に表示することはしません。なぜなら金額だけで決まってしまうと、ユーザーが検索して知りたいものを探すのに手間がかかってしまうので、よいユーザー体験にならないからです。

そこで広告の品質、ユーザー側が求める内容かどうかと、あとは入札金額で表示順位が決まるという形になっています。

品質がよくない広告を表示すると、Googleの信用度が下がってしまいます。

そうならないように、入札金額と広告の品質で、表示がコントロールされる仕組みになっています。

内藤　Googleの広告は検索ワードを入札制で買う仕組みになっているという話について、もう少し詳細をお話しすると、現在のアキッパは、駐車場を探すユーザーが検索しそうなキーワードを想定して入札しています。

「駐車場」単体で入札することもできますが、基本は駐車場と他のキーワードを組み合わせた複合キーワードになっています。

なぜ複合キーワードにするかというと、たとえば「〇〇花火」単体だと、駐車場を探しているわけではなく、ただ花火大会について調べているだけの人も入ってくるので、検索される回数が非常に多くなってしまいます。

そういったキーワードをビッグワードといいます。たとえば「生命保険」や「マンション」などもビッグワードで、こういうキーワードはやはり値段が高く、当然ライバルも多いです。対策としては、もう一つキーワードを追加することで範囲を絞り込むことです。そのほうが単価を下げられますし、同時にライバルも減り、効率的に広告を出せるようになります。

ただ実は、現在はWeb広告で集客するのが難しくなってきています。なぜならAppleがユーザーのプライバシーを重視するようになり、検索履歴を追いかけて広告を出すような広告配信に制限がかかったからです。

杉村　コストをかけずに集客できる施策も必要です。アキッパではＳＥＯ対策を実施したり、オウンドメディアの「アキチャン」を成長させたりしていくことによって、売上に対する広告宣伝費率を下げながら集客を実現していきました。

駐車場開拓がＳＥＯ対策に直結する

杉村　ユーザーにアキッパを知ってもらうには、駐車場を検索している人のスマートフォンやパソコンでの検索結果にアキッパのページが表示される必要があります。広告だけでまかなうには限界があるので、検索順位を上げていく必要があります。

順位を上げていくために最も重要なのは、ユーザーが検索したエリアに、実際にアキッパ

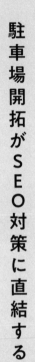

の駐車場が存在することです。

ということは、多くの人が検索する需要の高い場所にアキッパの駐車場をつくっておく必要があります。

幸いakippa社は駐車場開拓営業が強いこともあり、サービスの立ち上げ期から徐々に駐車場を増やすことができたので、検索順位も段々上がっていきました。

一見、SEO対策に営業力は不要のようにも思えますが、リアルとテックを掛け合わせたサービスでは重要だったりするのです。もちろんそれだけではなく、サイトの構造の見直しなど、テクニカルな部分も改良していきました。

また2022年以降、「LuckyFes」や「諏訪湖祭湖上花火大会」との連携、あるいは自治体との協定により、自治体などの信頼度が高いサイトから、アキッパのサイトへとリンクされる状態をつくれるようになり、検索の順位向上にも貢献しています。

内藤　SEOは広告との使い分けも必要です。SEOは効果が出るのに時間がかかります。キーワードを狙ってサイトをつくっていても、結果が出るまで3ヵ月〜半年はかかります。その間は売上にはつながらないので、すぐに結果を出したい場合は検索広告を使っています。サービスの立ち上げ当初は広告で集客して売上につなげ、その間にSEOでの順位を上げていくのがセオリーです。

マーケティングには「ストック」と「フロー」という考え方があり、たとえば広告はフローに分類されます。広告を出すのをやめた瞬間、そこから売上がなくなるからです。ですが、アキッパのサイトや「アキチャン」などのコンテンツは、いきなり検索結果に表示されなくなることはほとんどありませんし、検索したときに表示される順位もそれほど劇的には変わりません。

これらのコンテンツは常にネット上にあり、消えることはないので、コンテンツを作成していくと、資産としてどんどん溜まっていくことになります。

そういう意味でストックに分類されるというわけです。

コンテンツマーケティングでユーザーの役に立つ

杉村　2016年1月に「アキチャン」というオウンドメディアを立ち上げました。

「アキチャン」では、イベント会場周辺の駐車場情報がメインになっています。たとえば「〇〇スタジアム周辺の安い駐車場はここ！」という記事をつくったり、観光客向けに、「清水寺に近い駐車場はここ！」といった情報を提供したりしています。

このようなユーザー向けのコンテンツが非常に響きやすいとわかってくるにつれ、次第にユーザー向けの集客チャネルとして確立されていきました。

2024年現在で、関連記事の本数は約800本あります。マーケティングチームで責任を持って執筆しています。

内藤　コンテンツマーケティングとは、世の中に役立つような情報を、オウンドメディアやブログ、SNSなどで発信してユーザーを獲得する、というものです。

効果が出るまでには広告よりも時間はかかりますが、Web広告が使いづらくなっていく中では、こちらを充実させていくのがいいでしょう。

コンテンツが読まれるためには、その情報を探している人に役立つものになっているかどうか、見たいものになっているかどうか、知りたい情報が掲載されているかどうか、それがわかりやすく表現されているかどうかが重要です。

Googleも、そのコンテンツが「ユーザーの役に立つかどうか」を見ています。役に立つコンテンツであれば、そのページを見た後に他のページも見るなど次のアクションが生まれたり、ページの滞在時間（ユーザーがページを読む時間）が長かったりします。

見たけれど、あまり役立たなかった場合は、すぐ他のページに行ってしまったりします。そういうものも、すべてデータで判断されます。

「つくったコンテンツがユーザーの役に立つかどうか」を判断するには客観視が必要です。やはり売る側としては、自分が見せたいもの、売りたいものを前面に出したくなると思いますが、それよりもユーザー視点でコンテンツをつくることが最重要です。

それに付随して、そもそも自分が狙っているキーワードにどれぐらいマーケットがあるか、1ヵ月間そのキーワードでどれぐらい検索されているかを調べないといけません。

Googleのツールを使えば、1ヵ月間に特定のキーワードを検索している人がどれぐらいいるかを調べることができます。

調べた結果として、もし仮に検索する人が1ヵ月間に1万人いることがわかれば「ここにリソースを費やしてもいける」と判断ができますし、検索する人が300人しかいないことが判明すれば、それだとやはり厳しいので、まずは「世の中で求められているものが何か」を知るところから始めるべきだと思います。

アキッパの場合は、目的地から近いところにある駐車場が紹介できれば、ユーザーにとって役に立つ記事が載せられますが、杉村が言う通り、そもそも需要の高いエリアに駐車場を揃えていなければ記事に書くこともできません。

したがってアキッパの場合、「ユーザーの役に立つコンテンツをつくる」とは、需要の高いエリアに駐車場をどれだけ掲載できているかという話にもつながっています。

杉村　何をもって「需要の高い駐車場」とするかは、アンケート調査などでわかります。駐車場の価値として最も需要が高かったのは「目的地からの距離」です。次に「駐車場の料金の安さ」でした。このような情報は社内で共有します。

たとえば駐車場開拓営業チームに「このエリアの駐車場を増やしたい」とリクエストしたりします。

特定の部門が情報の起点になると決まっているわけではありません。部門によって入手しやすい情報は違うので、どの部門でも「これは他部門と共有したほうがいい」と判断した情報は、すぐに共有するようにしています。

「メール」の効果は想像以上に大きい

杉村　基本的に検索サイトから入ってくるユーザーは、まずWebのブラウザでアキッパのサイトにたどり着き、アキッパを使い始めます。

一方、アプリのほうが使い勝手がいいため、頻度高く使うユーザー（ロイヤルユーザー）はアプリユーザーが多いです。アプリユーザーのほうがLTVも高くなるため、Web to App施策（Webユーザーに対するアプリ利用への誘導）を行っていきました。

また、しばらくアキッパで決済していないユーザーや、会員登録したものの未利用のユーザーに、アプリのプッシュ通知を送ることによって、利用を促しています。

たとえば「いま、予約すれば5％オフクーポンがつきます」といったお知らせをプッシュ通知で送ると、これまで使っていなかったユーザーに「この機会に使おうか」と思ってもらえるのです。

また、アキッパの登録会員からは、必ずメールアドレスを取得できます。

実は登録会員に幅広くアプローチできるのが、メールです。

どのように使っているかというと、たとえば時機に応じてメールでクーポンを配っています。ゴールデンウィークやお盆の時期は、自然と駐車場利用の需要が高くなるのですが、さらなる自動車での移動を促すためにクーポンを配ったり、あるいはお出かけ情報などのコンテンツを配信したりして、需要喚起を行っています。

内藤 特にコロナ禍では、日常生活で新たに自動車での移動が必要となった方も多くいたのでクーポンを配布する施策を行いました。一定数利用してもらえましたが、アキッパにとっては値引きとなります。

そこで、どのようなクーポンがメリットを感じてもらえるのか、たとえば「100円割引」がいいのか、それとも「10%割引」がいいのかを調査するため、「どちらか好きなクーポンをプレゼントします」というテストを実施したことがあります。

現在は、ユーザーが感じるメリットと、アキッパの運用のしやすさを考慮した形でクーポンの配布を行っています。

他にもメールの使い方としては、「〇〇の季節ですね。そろそろakippaを使って予約を入れてはいかがですか？」というような、リマインドメールがあります。

メールは、アキッパから登録会員に対してお知らせを送ることができるプッシュ型のツールなので、非常に有効に使えます。

メールは昔からあるので、マーケティングで使用しても、それほど効果がないと思われがちです。いまはアプリがあるのだから、そのプッシュ通知だけでいいと思ってしまいがちですが、メールも併用すると、より効果的なマーケティングになります。

人にはそれぞれ好みの通知方法、連絡方法があります。

「メールは一切使わない。すべてSNSでやり取りする」という人もいれば、「いまだにメールをメインで使う」という人もいるでしょう。

自分がそうしているからといって、世の中の人たちが全員SNSだけを使うわけではないですし、メールだけ使うというわけでもありません。

マーケティングをするうえでは「自分がそうなんだから、きっと他の人もそうだろう」という思い込みは持たないほうがいいでしょう。

ユーザーの現実を見ることはマーケターにとって忘れてはいけないことだと思います。

しかしこれは「言うは易し」で、実践するのはなかなか難しいものがあります。マーケターとして「自分の感覚＝他人の感覚ではない」という感性を保ち続けるには、やはり多様な人たちに向かって、折に触れ、「どう思う？」と聞き続けることでしょう。

マーケターとしての感性を鍛えるもう一つのおすすめ方法は、ユーザーと同じ行動をとって、ユーザーの立場に自分を落とし込むことです。たとえば自社サービスのヘビーユーザーになる。そうすれば、おのずとユーザー目線でものごとが見られるようになり、日々の仕事でやることも変わってきます。

もちろん不動産会社に勤める人がたびたび不動産を買うことは金額的にも難しいので、その場合はやはりひたすらユーザーの声を聞くとか、インタビューするということになるでしょう。

実施を検討しているマーケティング施策およびそこで使用する成果物について、様々な人にヒアリングしたときに、意見が分かれる場合と、意見がまとまる場合があります。注意が必要なのは、意見がまとまる場合でも、一つひとつの意見を丁寧に見ていくと、実はすごく細分化されている場合があることです。

可能であればＡＢテストも実施するとよいと思います。Ａパターン、Ｂパターンと、二つのパターンを用意して、ユーザーの反応を試してみるという手法です。Ｗｅｂのビジネスモデルではこれが比較的容易です。

私の前職ではチラシなどでもＡＢテストを実施していました。２種類のクリエイティブを作成し、それらを配布し、効果が高いほうを今後のクリエイティブとして選ぶのです。

ユーザーの意見を聞いてもバラバラでつかみどころがなく、データの解釈も幅があるときは、最後は自分の感覚で決めるしかありません。

その決定および結果に対して責任を持つところまでがマーケティングなのかもしれません。

「看板」「ステッカー」も優れたマーケティングツール

杉村　意外かもしれませんが、アキッパに掲載されている駐車場に設置する看板やステッカーの管理や作成も、マーケティングチームが担当しています。アキッパに載っている駐車場は、月極駐車場の空き車室や、使っていない個人宅の駐車場がメインです。

そこに目印として、看板を設置したり、ステッカーを貼ったりする必要があります。

これはマーケティングの切り札になります。

月極駐車場の場合は、フェンスがあることも多く、そこに大きめのアキッパの看板を設置します。

個人宅の場合はなかなか看板を設置することができないので、代わりにステッカーを貼るということも、内藤が主導して取り組んでいます。

看板やステッカーはマーケティングチャネルとしても優秀です。看板は一度設置すれば3年ぐらいは普通に使えますし、大きな通り沿いなどであれば、自動車に乗っていても、歩道を歩いていても、その看板が見えるのです。

看板やステッカーは、場所に対する広告費がかからないのです。最高のマーケティングツールです。

「アキッパ」という名前がインターネット上やテレビにも出てくるし、オフラインの、運転しているときも、街を歩いているときも目に入ってくるようになれば、Web広告やコンテンツマーケティングとの相乗効果が狙えると思います。

内藤　杉村が言う通り、看板やステッカーは非常に優れたマーケティングツールです。しかしWebを専門にしてきたマーケターには、「リアル」で看板を出すという取り組みはハードルが高いかもしれません。akippa社の場合は、「リアルに強い」駐車場開拓営業チームと、マーケティングチームが連携し、看板やステッカーの設置に取り組んで効果を上げています。

ちなみに、看板はジロジロ見るものではないので、細かい内容を記載してもあまり意味がありません。それよりもアキッパのブランドカラーを組み合わせて、「アキッパ」と一目でわかるようなデザインにすることを重視しました。

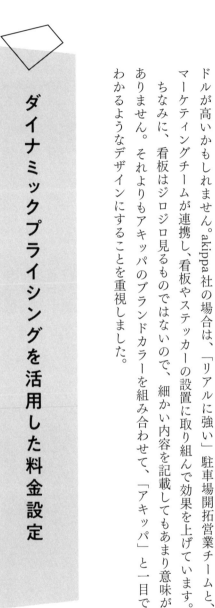

ダイナミックプライシングを活用した料金設定

杉村　駐車場料金を決める「プライシング」も、マーケティング業務の一部です。原則として、アキッパのマーケティングチームへ委託することを推奨していますが、駐車場オーナーが価格を設定することも可能です。

サッカーや野球だけでなく、バスケットボール、ラグビー、バドミントン、卓球、バレーボール、フットサルなど様々なスポーツの試合が開催されていますが、中には集客力が高いものもあります。またドームでのコンサートなどが開催される際は、会場近くの駐車場がすぐに埋まってしまいます。

そこで駐車場の需要が高いときは、アキッパの駐車場の値段を引き上げ、低いときは下げて販売するようにしています。いわゆるダイナミックプライシングです。どのくらいが適正な価格かは、駐車場の場所とイベントの内容によって大きく変わるので、とにかくトライアル・アンド・エラーをしながら実績を積み上げています。

具体的には、観光地やスタジアムなどユーザーの目的地となるスポットを中心に、距離に応じて同心円上に基準となる価格を決めます。それとは別にイベントの内容によって係数を設定します。基準価格と係数を掛け合わせて、日毎に駐車料金を設定しています。

想定以上に予約が入った場合にはさらに価格を上げることもありますし、予約の入りが悪ければ下げます。これによりアキッパの売上が増えるだけでなく、駐車場オーナーの収益増にもつながります。

ダイナミックプライシングによる副次的効果としては、ユーザーが分散することです。少し高くても近くに停めたい人もいれば、目的地から離れていても安く停めたい人もいます。価格設定によって交通分散が見込めるので、結果的に交通渋滞の緩和につながります。

２０１８年に、ＡＩを活用したダイナミックプライシングの自動化に向けた実証実験を行ったことがありましたが、学習させるデータの精査が未完全だったことや、コロナ禍に突入しイベント需要が減ったことなどにより現在はＡＩは活用せずに、半自動でアナログに運用しています。将来的にはＡＩによるプライシングの完全自動化をしたいと考えています。

第12章

広報

金谷元気　代表取締役社長CEO

テレビに無料で取り上げてもらえないだろうか？

サービスを始めたころのことを思い出すと、当初はマーケティングを実施する費用も組織もありませんでした。

そこで考えたのは「何とか無料でテレビに出ることはできないか」ということです。

メディアに「こんな便利なサービスが誕生しました」と情報提供すれば、ニュースとして取り上げてくれるかもしれない。

そうすれば、広告費用はかかりません。

最初は、2013年に新卒入社した森村《もりむら》優香《ゆか》に、アキッパの広報担当になってもらいました。アキッパのサービス準備期間は、彼女はまだ新卒1年目だったので、経験がまったくないところからのスタートです。

まず行ったのは、例によって紀伊國屋書店本町店に行き、「企業がテレビに出る方法」が書かれた本を片っ端から購入したことです。また、それ以前にライブドアにも乙部綾子さんという有名な広報担当者がいて、彼女の著書をアマゾンで買うなど、勉強になりそうな本をとにかく読み漁りました。

もう一つ取り組んだのは、テレビでよく取り上げられている会社の人たちから話を聞かせてもらうということです。

当時、大阪ではChatwork（現・kubell）という会社が「電話のない会社」として話題になっており、よくテレビに出演されていました。当時はオフィスに電話やＦＡＸのない会社が珍しかったのです。

実は、２０１２年ごろに「ＩＴ飲み会」というイベントが大阪であり、それに参加したことで、その会社の元広報の方と知り合ったのです。

その方こそ、本書でも繰り返し登場している、大崎弘子さんです。

大崎さんはＩＴのことだけでなく、広報のことも親切に教えてくださいました。大崎さんからは私がＩＴを学び、森村（と私）が広報を学ばせていただいたのです。

書籍を読んだり、大崎さんと話したりする中で「広報におけるPR活動の第一歩は、プレスリリースというものを書いてメディアに送ること」ということがわかりました。

プレスリリースとは「われわれはこういうことを始めます」という会社のニュースをメディアに伝えていくものです。いわば、メディアへのラブレター。

ただし、自分の都合だけ並べてもダメで、メディアに取り上げられるためには、取り上げたくなるような内容を考える必要があります。

そこで、まずはテレビとハードディスクレコーダーを買ってきて、すべての情報番組を録画し、どんなことが取り上げられているかを森村に分析してもらいました。

このあたりの工夫については森村からお話しします。


その後、広報活動を続けることで結果が出てきていましたが、私も様々な役割を持っていたため、取材対応以外で広報活動をしていくことが徐々に困難になってきました。

そこで新たに採用したのはグリーなどで広報担当をしていた、石川絢子《いしかわあやこ》です。

2018年のことでした。

私は、森村の業務を手伝う新卒メンバーの採用も考えていました。

森村と、次のような会話をしたのを覚えています。

「まだまだ未熟な私がチームを見るのは早いです。それより、もっと広報のことを教えてもらえる人に入ってほしいです」

森村の希望もあって、「広報の先輩」と言える人材を採用するのがいいのではないかということになったのです。そして広報経験が豊富な石川がakippa社のミッション・ビジョンに共感してくれて、加わることになったのです。

それまでは「攻めの広報」で、とにかくメディアに取り上げてもらおうと、がむしゃらにやっていたのですが、組織として安定的な広報運営をしていかなければいけないフェーズに入っていきました。

駐車場開拓営業チームにも言えることですが、akippa社の強みは、森村のような、何もないところから何かを生み出し、形にしてきたパワーがあることです。そこへ石川のような、他社で経験を積んだ人たちの安定的な運営ができるパワーを掛け合わせることで、組織は強くなっていきました。

私が思うに、akippa社の広報の強みは、メディア関係者と本当の信頼関係が築けていることです。弊社に取材のお話をいただいたときでも受けるのが難しい内容の場合には、取材できそうな他の会社の広報を紹介するなど、損得を超えた提案ができていると感じます。

それが「信頼」という無形資産になって、積み上がっているのではないかと思います。

このような利他的な行動も、戦略としてやっているわけではなく、組織文化の中に「相手の立場になって行動する」ということが根づいているからです。だから、おそらく無意識に2人ともそういうことができるのでしょう。

意識化できないぐらい、当たり前にそれをやっているのがakippa社の強みです。

だからこそ面白いネタがなくて困ったとき、メディア関係者からakippa社に相談してくれることもあります。

他社とakippa社のどちらを取り上げようかと迷ったとき、「やっぱりakippa社にしよう」と選んでもらえるような信頼を積み上げていくことが広報においては重要なのではないかと、2人を見ていると感じます。

森村優香　広報

新卒で「一人広報」に任命される

私は新卒で入社したので、当然、広報はまったくの未経験でした。

金谷は広報に熱心に取り組む経営者だったので、その点は非常に助かりましたが、社内で広報を担当しているのは私一人。

社内に業務の相談ができる人がいないのは正直大変でした。ですが、そのような状況だったからこそ、社外の人とのつながりが広がったのかもしれません。

まずは金谷の話にも出てきた、大崎さんとつながって、広報の基礎を教えていただきました。大崎さんは広報の勉強会を主催していて、その勉強会で撮影された動画を文章に書き起こすお手伝いをさせてもらったりもしました。書き起こすことで学びを得ることができました。

当時、私のネットワークでは広報に知見のある方を見つけられなかったので、大崎さんの広報勉強会で別の会社の広報担当者と知り合う機会をいただくなどもしました。

余談ですが、いまでは「広報に力を入れたいけれど、広報担当者がすぐに辞めてしまう」と社外から相談を受ける機会が多く、個人的に、「一人広報」や広報部の立ち上げをサポートする活動を、社外の広報担当者と協力して行っています。

情報番組はすべて録画、1・5倍速で視聴

入社して最初にしたことは、テレビをたくさん視聴したことです。もともと私はテレビが好きでしたが、視聴者として視聴するのではなく、テレビに自社のサービスを取り上げてもらう側として分析しながら観るようにしました。

まずはどういう番組があるのかを把握するため、会社にハードディスクレコーダーとテレ

ビを購入してもらい、朝と夕方の情報番組を片っ端から録画して観ることにしました。テレビ局と番組名、番組内にどういうコーナーがあるのかを知る必要があったので、番組をひたすら観る日々がしばらく続きました。

ですが1回観ただけでは、「どんな企画なら取り上げてもらえるのか」はわかりません。長期的に継続して観ないと、どういった傾向があるのか、番組内のコーナーの全体像がわからないのです。それを把握するために、毎日大量の録画を1・5倍速で観ていました。

入社したばかりの社員が、オフィスでずっとテレビにかじりついているわけですから、社内の人たちには不思議な光景に映ったと思います。

見ているうちにわかってきたのが、一口に情報番組といっても、番組によって、コーナーで取り上げるテーマも尺（時間）もまったく違うということです。

企業を取り上げるコーナーがあれば、どんな商品やサービスが取り上げられたのか、それは1社に密着するのか、それとも何社かの抱き合わせのようなかたちなのか、それぞれの企業が何分何十秒取り上げられたのかを記録していきました。

そういったコーナーの特性ごとに、「当社が取り上げてもらえそうか、難しそうか」を判断し、見込みがありそうなコーナーにはプレスリリースを送るなど、アプローチをしました。

「この番組の、このコーナーに出られるかも」と、コーナー単位で考えるのです。日ごろから番組をよく観ていて、番組の流れがわかっていれば、先方の欲しい「画（映像）」がわかります。

そこで、本当に見よう見まねですが、番組の担当者に、「この番組でアキッパを紹介していただく場合のイメージを作成したので見ていただけませんか？」というように、画コンテとまではいきませんが、放送されたときのイメージをつくって提案をしていました。

テレビに出るには、新聞に出るべし

最初にテレビに取り上げてもらうまでは大変でした。

関係者と一度ご縁ができれば、その方たちとコミュニケーションをとっていくことができますが、そこに辿り着くまでが一苦労です。

「テレビに取り上げてほしいなら、テレビ局の人にアプローチすればいいのではないか」と思われるかもしれません。

しかし、この方法はスタートアップにとってはハードルが高いです。

それより一見遠回りでも、活字メディアでの掲載実績をつくるほうが、テレビに取り上げてもらう可能性は高まります。

なぜならテレビ局の関係者は新聞から情報を得ていることも多く、新聞で情報を知って、会社に問い合わせをいただいてテレビ取材につながるパターンが多いからです。


実際にアキッパでも大阪の新聞社となんとか関係をつくり、プレスリリースを送って紹介記事を掲載してもらったところ、それがテレビ東京のビジネス系の報道番組『ワールドビジネスサテライト』のスタッフの目に留まり、番組で紹介してもらうことができました。

またTBS『がっちりマンデー!!』や、テレビ東京『ガイアの夜明け』も、新聞掲載からのパターンで、取り上げてもらうことができました。

プレスリリースに何を書くか？　ネタの出し方

新聞社に取り上げてもらうためには、プレスリリースを書いて送ることからスタートします。最初はやり方がわからないなりにも、いろいろな番組を見ながら、「こういう切り口だったら差し込めるのではないか」とひたすら考えていました。たとえば、

- **3月**：引越しの荷物を運ぶ際に、周辺の月極駐車場を事前予約して利用できます！
- **4月**：多くの人で混み合うお花見スポットでも駐車場探しに困らないサービス
- **8月**：猛暑なので、より目的地に近い駐車場を事前予約する人が増えています

というように、季節に合わせて企画を提案するようなイメージでメディアへ送りました。

自社の都合ではなく、テレビ局や出版社、新聞社の人の身になって、「こういう話題だった

ら取り上げやすいのでは」と考えるわけです。

その後、新聞社やテレビ局の関係者とのネットワークを広げていくにつれ、いろいろなアドバイスをメディア関係者からいただくようになりました。

たとえば、当時はプレスリリースを印刷して封筒に入れて送っていたのですが、メディア関係者はご多忙です。大量に送られてくるプレスリリースの封をいちいち開けてもらうのは難しかったと思います。

プレスリリースを送付する封筒を、A4の透明なものにすると、封を開けなくても中身が見えます。するとプレスリリースの内容を見てもらえる可能性が飛躍的に高まるのです。

余談ですが、その後仲良くなった記者から、「知らない人からプレスリリースが送られてくることはよくあるけれど、もしかしたら封筒の中に刃物や危険物が入っているかもしれないから、封を開けるときがちょっと怖いんですよね」と聞いたことがあります。

またテレビ局や新聞社には、過去に爆発物などが送られてきた事件があったそうです。

そのようなことはないと思いますが、安心して封を切ってもらうためにも、あらかじめ中身が見えたほうがいいと感じています。やはり、受け取る側のことを考えて送るのが一番なのです。

プレスリリースの送り方

インターネットで検索すると、たくさんのプレスリリースが出てきます。

プレスリリースを書いたことがなくても、基本的にはそれらを真似すれば、ある程度の内容のプレスリリースはすぐに書けるのではないかと思います。

その一方で、案外わからないのが「送り方」です。

私は当時、まずメディアの住所を知るために、『マスコミ電話帳』（宣伝会議）という本を購入して、それを見ながらプレスリリースを発送していました。

プレスリリースを郵送する際に、担当者名がわからないときは、「ご担当者様」という宛名で送っていました。手紙などは添えず、シンプルにプレスリリースのみ封入します。というのも、送る数がすごく多いからです。

週に10本は企画を考えて、金谷にタイトルだけチャットで送り、ＯＫが出たものだけをプレスリリースにして送るようにしていました。週3回ほどは送っていたと思います。なぜ大量に送るようにしていたかというと、反応がもらえるのは本当にごくわずかで、100通に1通くらいの割合だったからです。「PR TIMES」などWeb上でプレスリリースを配信するサービスを利用しても、その割合は変わりません（ちなみに「PR TIMES」では、こちらでメディアリストを用意すれば、自動的に知り合いの記者にプレスリリースの文面がメールで届くようになっています）。

広報立ち上げ初期はこのように郵送で送っていましたが、現在はPR TIMESやメールが中心で郵送はしていません。コロナ禍でメディア関係者もリモート勤務を活用するようになってから、電話をしても「メールで送ってください」と言われることも増えたように感じています。

社会情勢や会社のフェーズによってやり方は異なると思います。

素人でもゼロから広報を立ち上げられる

すでに述べたように、私は広報の経験がまったくありませんでした。何をしていいかわからなかったころ、テレビ番組を観ること以外にしていたことは、金谷のイベント登壇に同行したことです。

そういった場所では、スタートアップを追っている記者が取材に来ていることが多かったので、その場でメディア関係者とつながることができました。また、他の会社の広報担当者とも知り合うことができました。

イベントでは、金谷がアキッパのサービス内容や将来の可能性について話します。そのとき金谷のプレゼンを聞くことで、会社がこれからどこへ、どのように進もうとしているのかが理解できます。これが広報として、情報を発信するときに非常に役立ちました。

また、私たちはメディアになんの伝手もありませんでしたが、工夫すれば関係者に直接コンタクトをとる方法はあるものです。

たとえば番組の最後に、その番組をつくった制作会社の名前が映ることがあります。そこから会社名を検索して、その会社のサイトから連絡したりもしました。すると、そこから成果も出ました。関西の名物番組である、毎日放送『せやねん』で取り上げていただいたのです。「今年来るであろう（有名になりそうな）芸人が、今年来るであろうサービスを紹介する」というコーナーで取り上げてもらえることになり、オフィスに来てくれたのが、ブレイク前の霜降り明星さんでした（霜降り明星さんは、その直後に2018年のM－1グランプリで優勝され、優勝後の『せやねん』で再びakippa社オフィスでの映像が放送されました）。

誰も見ていないと思い込んでいた社内ブログがテレビ出演のきっかけに

私が広報になりたての2014年ごろは、取材を受ける機会もほとんどありませんでした。

言わばいろいろ挑戦できる時間があった時期です。

そこで、社内の様子を社外に発信する手段の一つとして、広報ブログを執筆していました。内容は、主に社内の出来事や社員の紹介です。なるべくたくさん更新しようと、1週間に1、2回の頻度で更新していました。

「イベントブースに出展をしました」「こういう媒体に紹介していただきました」というような公式の発表だけでなく、社員インタビューや、社内イベントの様子など、少しでもネタがあればブログに書いていました。

社員のなかには「顔を出すのは嫌だ」「恥ずかしい」と言う人もいましたが、でも皆、おおむね快く応じてくれました。

心がけていたのは、楽しく明るい感じをブログを通じて伝えることです。「燃える闘魂の森村です」と、自分のキャッチコピーから記事を始めることも多かったです。

正直言って、内心では「誰も見ていないだろう」と思いながらも続けていましたが、それでも地道に更新を重ね、淡々とSNSでシェアしたりしていると、身近な人が案外見てくれていて、社外でも「ブログ見てますよ」と声をかけていただく機会が徐々に増えていきました。

なんとある日、関西の朝の情報番組『す・またん！　ＺＩＰ！』から取材依頼をいただくことができました。

取材依頼をいただいた際は「どういうきっかけでお声がけいただきましたか」とディレクターに聞くようにしているので、いつものように質問をさせてもらうと、「広報ブログを見て、問い合わせをしました」と言っていただけたのです。

「われわれも取材先の社内の様子や雰囲気が事前にわかったほうが、取材しようと思いやすいんですよ」と言ってくださったのです。

私が発信していた社内ブログを見て、そこから取材のイメージが湧いたそうです。

そのときの取材テーマは会社のサービスについてでしたが、いろいろな場面を撮影するうえでも、あらかじめどんな会社なのか、社内ブログで様子を見ることができたのがよかったのかもしれません。

広報の地方ドミナント戦略

アキッパの駐車場開拓営業で使っていたドミナント戦略ですが、実は、広報でもドミナント戦略を用いていました。

たとえば駐車場開拓チームが福岡県でドミナント営業を行い、一斉に駐車場貸し出しが始まったら、「アキッパ、福岡県に本格進出」というプレスリリースを書きます。

そしてあらかじめ福岡県のメディアリストをつくっておき、どんどんプレスリリースを打っていきます。

地方紙に掲載してもらえたら、ローカルテレビ局に「何月何日付で○○新聞朝刊に記事を載せてもらいました」と連絡します。

この活動により、各都道府県において「地元の新聞で掲載される→テレビで放送してもらう」という成功パターンを複数つくることができました。

当時は「東京・大阪以外の地域にもサービスを周知する」ことを目標に広報活動をしていたのですが、ある程度、達成できたと思います。

テレビ局に対して、全然知らない会社が「私たちはこんなことをやっているので、取材してください」というよりも、一度、新聞に正式に掲載された会社は信用度が上がるので、取材してもらいやすくなるのです。

2023年に北海道日本ハムファイターズの新本拠地、エスコンフィールドHOKKAIDOができた際も、石川がアキッパの広報をすることで、北海道のテレビ局で4回も紹介してもらうことができました。

そこに至るまでの経緯を説明します。

北海道新聞社から札幌駅周辺の駐車場に関する問い合わせをもらった際に、石川が「北海道での取り組みとしてエスコンフィールドHOKKAIDOの周辺で予約できる駐車場を増やし、混雑緩和に取り組んでいます」と記者にお伝えしたところ、興味を持ってもらい、取材してもらえることになったのです。

ちょうど球場周辺の駐車場を、駐車場開拓代理店がたくさん開拓していて、アキッパの駐車場が一気に増えたタイミングでした。

新聞記事がきっかけになって、テレビの取材依頼を複数いただくことができたという好事例です。

初めての記者会見

「駐車場で記者会見を開こう」と金谷が言い出したのは、セブン‐イレブンと提携を始めたときのことでした。このニュースを広めるためにも、インパクトがある場所で記者会見をやろうという話になったのです。

「大阪の会社だから、いかにも大阪っぽいという場所でやりたい」と金谷が言い、通天閣のすぐ近くの駐車場で開くことにしました。

私にとっては初の記者会見でしたので、他社の広報担当者にいろいろと相談させてもらいながら、一人で黙々と準備を進めていた記憶があります。

「もし誰も来なかったら……」と想像すると、目の前が真っ暗になるほど怖かったのですが、つながりがあった記者を中心に、いろいろなメディア関係者に記者会見に来ていただくことができました。

また、担当いただいていた日本経済新聞の記者が東京へ異動する前の最後のタイミングで、2人体制で1面の記事を書いてくださったことも嬉しかったです。

なんと、この記事がきっかけで、のちに「日経優秀製品・サービス賞」を受賞することになりました。アプリサービスでは「メルカリ」や「ポケモンGO」と「アキッパ」が選出されるという、大変光栄な結果につながったのです。

記者会見の運営や手配は、PR会社に依頼するという手もありますが、金谷は「とりあえず何でも自前でやってみないと何もわからない」と言います。

何事においても、立ち上げ時は自社でチャレンジすることを徹底しています。のちに、石川が記者会見のパッケージ化をしてくれたこともあり、最近は安心して記者会見に臨めるようになっています。

ゼロイチと体系化の組み合わせで、会社が強くなっている例の一つかと思います。

広報としての人脈づくり

私はすでに述べたように新卒で入社後、正真正銘の未経験で広報の仕事を始めたので、現在に至るまで、社内のメンバーはもちろんですが、社外のいろいろな人に大変お世話になりました。

ですが、そのおかげでかえって1人の人間として多様なつながりを持てたところがあります。広報を始めて間もないころにつながったメディア関係者とは、提供するネタのあるなしに関係なく、いまだにお会いしたり、食事に行ったりしています。

親しくしていた記者の署名記事を見かけて、「活躍されている！」と気づいたら、サラッと連絡することは習慣にしています。相手のタイプにもよるので一概には言えませんが、交流を大事にしてくださる方には定期的に連絡するようにしています。

連絡するにあたり、細かいことを言えば、人によって返信しやすい連絡手段は違うので、相手にとって負担の少ない連絡手段を聞いておくといいでしょう。電話がいい人には電話で、メールがいい人にはメールで、ＬＩＮＥがいい人にはＬＩＮＥで連絡するようにします。

地方でお世話になった方には、特に用がなくても出張のタイミングで「近くまで来たのでご挨拶にお伺いさせてください」と言って、会いに行くこともあります。

「仕事を抜きにして、きちんとお付き合いをする」ことを心がけるのが一番大事かもしれません。

立ち上げ期はこのように独学で、できることはやるという感じで進めてきましたが、私にも知見が溜まってきたので現在すべて継続しているというわけではなく、フェーズに合わせてやることは変化しています。

２０１８年に石川が入社し、チームとしての広報活動を行っていくようになります。

基本的な広報活動に加え、対応する領域が広がったのでその部分については石川に語ってもらいましょう。

石川絢子 広報

2人広報体制で属人化からの脱却

私がakippa社にジョインしたのは2018年4月でした。登録していた転職サイトでメッセージをもらったのが入社のきっかけです。

私が入社するまでは、森村がずっと1人で広報を担当していて、困ったことがあれば金谷に相談していたようですが、フェーズが変わって金谷が経営に集中しなければならなくなり、「業務を仕組み化できて、チーム全体を見られる人に会社に入ってもらおう」ということになったそうです。

私はakippa社をもともと知っていて、「広報力が強い会社だ」というイメージがありました。入社してみると、それは金谷と森村の「個の力」が強いからだとわかりました。

私はakippa社に転職する前は、モバイルソーシャルゲームなどを手がける「グリー」で広報を務めていました。

そこまで広報経験が豊富というわけではなかったのですが、チームで広報の仕事をする経験があったのが森村との違いなので、そこをお互いに補完できたのではないかと思います。

私がグリーにいたとき、広報は3人体制でした。すでに組織として確立しており、ツールや仕組みなど担当変更があったとしても代々引き継がれて一定のクオリティが保たれていました。

その中でよかったと思うものをakippa社に取り入れながら、当時のakippa社の広報において改善したほうがいいと思ったものは改善しました。

広報が森村1人のときは、森村自身がわかっていればいい状況だったので、それほどルールがなく、森村の頭の中で完結していることも多かったと思います。

しかし、チーム化するには情報の整理が必要です。

情報の整理に着手したきっかけとなるエピソードがあります。

アキッパが紹介された過去の記事を読みたくて、「どこにありますか？」とチャットで森村に質問したところ「おそらく、チャットに記録が残っていると思いますので、少々お待ちください」という返信をもらったことがありました。
それがきっかけとなって、「まずは紹介された実績をファイリングして残しましょう」と話し合って、記事の掲載履歴のリスト作成に着手しました。

それから、取材対応用のＦＡＱも整備しました。
問い合わせがあった際、チームとして動くためには、広報としての回答を統一しておく必要があります。そこで「こんなときはこうする」というように、よく寄せられる質問に対する答えをＦＡＱ形式で、スプレッドシートにまとめていきました。これはいまも使い続けています。

メディアへの掲載履歴は、過去の情報をひたすら拾って、日付と媒体の種別、Ｗｅｂに残っていればどういう記事なのかを羅列しています。最近は、それがakippa社にとってどのくらい価値があるのかという情報も加えました。これについては、いまも試行錯誤しながらやっています。資料がこのように整備されていれば、新しい人が入ってきたときに、「これまでakippa社が外からどのように見られてきたか」を説明しやすいですし、情報を探しやすいという利点もあります。

また、私が入社してから行ったことの一つが、さきほど森村から話があった「記者会見やイベントのパッケージ化」です。

実は、記者会見やイベント運営時に準備すべきことはほぼ決まっています。まず、バックパネルや資料、文房具など、必要備品の一覧表をつくりました。あとは当日までの進行スケジュールを決めておきます。

「この日までにはこれが決まっていないとまずい」ということが何となく見えてきたら、ざっくりしたスケジュールを組みます。そして「登壇者には○時間前に来ていただいて、リハーサルを実施して、そこから本番では誰がどういう動きをして……」という当日の動き方も想定しておきます。

記者会見やイベントの運営は実施頻度が低いため、毎回何をしていたのか忘れてしまい、実行までに時間がかかっていましたが、枠組みをつくっただけでスムーズになったように思います。

「会社のトップ」が外部登壇する広報効果

広報として、まずはアキッパの存在を知ってもらう必要があると考えていた時期がありました。

「何でもいいからとにかくakippa社やアキッパの名前が出るように広報として頑張ろう」と1日1回、アキッパの名前をメディアで取り上げていただくことを目標にしていました。

1日1回ということは、年間で365回です。

しっかりと考えて動き、チャレンジした結果、何とか達成することはできました。

しかし「数」を追求するあまり、「とにかく何らかのメディアに名前が出ればいい」となってしまって、取り上げてもらったものの、アキッパが一体どんなサービスなのかを紹介してもらえないなど、本来の目的につながりづらい露出が増えていきました。

そこで、改めて媒体分析の時間を設けるようにしました。

「自分たちが出たい媒体はどういうもので、どこに出ればユーザーや駐車場オーナーに響くのだろうか？」ということを考えながら、企画書にまとめて、個別にアプローチをして、メディア露出を狙うようになりました。

またメディア露出だけでなく、金谷がイベント登壇の依頼をいただくことも多いので、できるだけ金谷に同行するようにしています。

金谷の話す起業時の苦労や、アキッパの誕生ストーリーやミッション・ビジョンに共感して、アキッパというサービスを好きになってくださることが多いです。

登壇した翌年に再度依頼をいただくことも多く、しかも年々増えています。現在、大阪大学、立命館大学、関西大学、兵庫県立大学、日本大学、近畿大学、桃山学院大学などで、非常勤講師やゲスト講師として授業などで話す機会をいただいています。

金谷が外部で話をすることが、すぐにアキッパの利用につながることはそこまで多くないと思いますが、登壇後のアンケートなどを拝見すると、学生の胸を打っていることがわかるので、中長期的にはとても重要な取り組みだと感じています。

広報は「社長のメッセージを代弁できる存在であるべきだ」と思っているので、言葉尻などの細かい部分まで注意して聞くようにしています。

金谷の起業のストーリーを聞いていると、内容自体は変わりませんが、何度も繰り返すことでだんだん表現が磨かれています。

その変化の過程を広報の立場で聞いていると、「こうやって伝えたほうが、他人には理解してもらいやすいんだな」と勉強になりますし、「将来のビジョン」を話す際に、会社の状況によって強調する部分が変わったりもするので、そこをキャッチアップするようにしています。

オウンドメディア・SNSでの発信

過去には「はてなブログ」などで広報ブログを発信していた時期がありました。

しかし、いろいろな媒体に記事を書いてきたため、情報が分散してしまっていました。

現在は広報ブログの代わりに「akipedia（アキペディア）」というオウンドメディアを運営しています。タイトルは社内公募で決めました。

ユーザー・駐車場オーナーへのインタビュー、イベントの裏側やその取り組みの背景を掲載するといったように、メディアでは取り上げられないけれど、重要視している内容を発信するようにしています。

また、社員インタビューや、社内制度の内容など人事系コンテンツも載せています。オウンドメディアを運営してみると、メディア関係者の苦労やお気持ちも、なんとなく想像できるようになってきました。「akipedia」はＰＶ自体、それほど多いわけではありませんが、ストックとして溜めていく「器」という位置づけです。

ＳＮＳに関しても力を入れています。

目的は大きく二つあります。一つはアキッパのことを知ってもらう機会を増やしファンになってもらいたいと考えました。

当時は、プレスリリースでの発信内容やメディアで紹介された内容をユーザーに直接届ける手段が限られていました。アキッパはプロスポーツクラブとの連携が多くＳＮＳとの親和性も高いはずなので、たとえばプロスポーツクラブとの提携についてＳＮＳで拡散することができれば、駐車場の利用につながるのではないかと考えました。

もう一つの目的はユーザーの声を拾うことです。情報発信はもちろんですが、世の中の声を拾って社内に伝えることも広報の一つの役割と考えています。SNSはユーザーや駐車場オーナーの「ナマの声」が拾えるツールだと考えました。

SNSの中でも拡散力に優れたX（旧・Twitter）と、お出かけの投稿が多いInstagramを活用することに決めました。

いずれもSNSアカウントはあるものの、フォロワー数が千人台に達したあとは、ほぼ更新が止まっている状態でしたので、マーケティングチームと連携してフォロワーを増やすキャンペーンなどを行い一定規模までフォロワー数を伸ばしていきました。

「攻めの広報」と「守りの広報」

akippa社の広報は、これまで「攻め一本」でやってきましたが、会社の成長にともない、ユーザーの属性も変わってきたと感じます。

ユーザーが増えるにつれ、様々な意見をいただくようになりました。

これまでakippa社が実践してきた「攻めの広報」ももちろん大事ですが、社会の変化や、当社のパブリックカンパニー化を見据えて、「守りの広報」も準備しておく必要があります。「守りの広報」とは、何かトラブルがあったときの危機管理対策のことです。日々の業務に忙殺されると準備を後回しにしがちなので、コロナ禍のタイミングで、着手することにしました。

私は前職時代に「守りの広報」の重要性を教えてもらっていました。過去の記憶と経験を頼りに、きちんと対応すべき場合と、迅速に対応すべき場合のケース分けをしたり、また、他社の広報担当者から準備すべきことについて教わったりしながら、マニュアルをつくりました。

もし万が一、不祥事を起こしてしまったとき、何をすべきか。何も事前準備をしていない状態で会見を開くのと、社内で広報の対応を含めて体制を整えている状態で迎えるのとでは、全然違うでしょう。危機は突然やってきます。

これまで培ってきた会社のブランドが、広報の対応いかんで簡単に崩れるかもしれません。危機が訪れないのが一番ですが、日ごろから他社の危機対応の例をチェックするようにしたり、会社の対応としてふさわしいものだったと評価されているものの記録をきちんと読み込んだり、「こういう状況が突然起こったらどうするか」をチーム内でシミュレーションしています。作成したガイドラインは全社にも展開しており、社内から「こういう新しい取り組みをするが、広報観点で気をつけたほうがいいことはあるか」などと相談を受けることもあるので活動を理解してもらえているように感じます。

このように広報は「攻め」だけでなく、「守り」も重要なのです。

今後、akippa社のビジョン実現へ近づくにつれて、会社の規模も拡大していくと思われます。そんな時でも、持続的な広報チームの運営ができるよう、仕組みづくりを心がけていきたいと思います。

本章の最後になりますが、かつて金谷はブログを書いていたことがあったそうです。それについて、金谷から話をしてもらいます。

金谷元気 代表取締役社長CEO

『20代社長　ギャラクシーのジャイアントキリング』

振り返ると、弊社の広報の始まりは、私の社長ブログだったかもしれません。

アメーバブログ（アメブロ）を運営するサイバーエージェントの藤田晋さんの『渋谷ではたらく社長のアメブロ』に憧れ、『20代社長　ギャラクシーのジャイアントキリング』というブログ名のアメブロを書いていました。

あれから15年。

本書のタイトルは『番狂わせの起業法』です。

まだ誰からも認められることがなかったころの、小さな一つ一つの積み重ねが、いつか、大きなものになるのかもしれません。

２０代 社長　ギャラクシーのジャイアントキリング

プロフィール

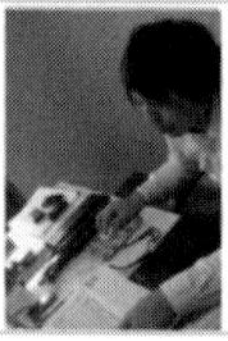

27歳社長/金谷元気

プロフィール | ピグの部屋
なう | ポケット

性別：中畑キ○シぐらい絶好調で、松岡修○ぐらい燃える男
誕生日：1984年12月22日0時頃
血液型：B型
自己紹介：大阪を中心に活躍する、インターネット広告代理店・ギャラクシーエージェンシーの代表です。
続きを見る

読者になる　アメンバーになる
メッセージを送る　プレゼントを贈る

あとがき

金谷です。

本書をお読みいただき、ありがとうございました。

読んでくださった方にはもうおわかりかと思いますが、私たちは何もないところから始まっています。

諦めずにゼロをイチにし、イチになったものを広げて成長する。

振り返ってみると、今日に至るまで、その繰り返しだったような気がします。

「逆境を諦めずなんとかする組織カルチャー」があれば、そこそこの規模の会社はつくれると思っています。

akippa社もここまで営業力などの「エクセキューション」を強みに成長してきました。

しかし、それでもまだ年間で数十億円の売上です。

これでは世界ナンバーワンには到底なれません。

世界ナンバーワンを目指すうえでは、エクセキューションとテクノロジーを掛け合わせて、両輪での成長が必要です。

また現在のワンプロダクトにとどまらず、今後はマルチプロダクト戦略で成長を遂げていきます。

「現状がしょぼすぎて、大きな目標の影もかたちも見えない」

ご自身でそう思われる方もいるかもしれません。

それは、現場からの積み上げだけで、将来を見ているからかもしれません。

目指すミッション・ビジョンからの逆算で、戦略をつくり、一つずつクリアしていくことで、必ずや光が見えると私は考えています。

まだまだ道半ばですが、これからもミッション・ビジョンを実現するために、共に闘ってくれている人たちから勇気をもらいながら、走り続けたいと思います。

最後になりましたが、魂を込めて、この書籍を共につくり上げていただいた、かんき出版編集者の金山哲也さんに感謝します。

金谷元気

執筆協力者一覧

小林寛之	取締役副社長COO
杉村大輔	取締役CCO
西野将規	執行役員CFO
井上直登	執行役員CPO
柿本雅淳	執行役員CPDO
大塚康広	Parking Innovation Group　総合プロデューサー
内 藤 仁	マーケティンググループ
森村優香	広報
石川絢子	広報

注釈

1. Schibsted. "Full Version THE CASE 2009." CBS CASE Competition, 2009. https://subdomain.casecompetition.com/wp-content/uploads/2023/01/2009_schibsted.pdf.
2. Graham, Paul. "Startup = Growth." September 2012. https://www.paulgraham.com/growth.html.
3. @lennysan (Lenny Rachitsky). "What precedes an inflection in growth? I researched 20+ products and found a few surprises: 1. The majority of growth inflections came after a specific product improvement" Twitter, February 15, 2023. https://x.com/lennysan/status/1625529433057787904.
4. Carucci, Ron. "Executives Fail to Execute Strategy Because They're Too Internally Focused." Harvard Business Review, November 13, 2017. https://hbr.org/2017/11/executives-fail-to-execute-strategy-because-theyre-too-internally-focused.
5. Ibid.

【著者紹介】

金谷　元気（かなや・げんき）

◉――akippa株式会社 創業者兼代表取締役社長CEO
◉――1984年生まれ。駐車場シェアリングサービス「アキッパ」を運営するakippa株式会社の代表取締役社長CEO。高校卒業後から４年間はＪリーガーを目指し関西サッカーリーグでプレー。サガン鳥栖やザスパ群馬（当時のザスパ草津）の練習生にもなったが、プロ契約ならず22歳で引退。2009年に24歳で会社を設立。

X：@genki_kanaya
Instagram：@genki_kanaya

akippa（あきっぱ）

◉――2009年に創業者の金谷元気が設立。当初は営業代行会社として、様々な他社商材を取り扱ったが「なんのために仕事をやるのか？」を深く考え、2014年に駐車場シェアリングサービス「アキッパ」をリリース。ＳＯＭＰＯホールディングス、ディー・エヌ・エー、グロービス・キャピタル・パートナーズ、住友商事などから総額35億円の出資を受けている。「アキッパ」の会員登録数は2024年現在で累計400万人を突破している。

番狂《ばんくる》わせの起業法《きぎょうほう》

2024年７月29日　　第１刷発行

著　者――金谷　元気、akippa
発行者――齊藤　龍男
発行所――株式会社かんき出版
東京都千代田区麹町4-1-4 西脇ビル　〒102-0083
電話　営業部：03(3262)8011㈹　編集部：03(3262)8012㈹
FAX　03(3234)4421　振替　00100-2-62304
https://kanki-pub.co.jp/

印刷所――ベクトル印刷株式会社

ISBN978-4-7612-7750-5 C0034